失敗事例から学ぶ

事業承継対策・相続対策

正しい知識と総合的見地から

山田コンサルティンググループ株式会社
税理士法人山田＆パートナーズ
司法書士法人山田リーガルコンサルティング　編著

一般財団法人
大蔵財務協会

はじめに

　事業承継・相続は皆様の関心度・心配度が高いテーマですが、たくさんの情報が溢れるなか、正確に理解するのが難しかったり、総合的な検討が不足していたりすることも少なくありません。その結果、本来払わなくてもよい税金を払うことになったり、会社の経営で苦労なさったり、ご家族で余分なストレス・トラブルを招来したり…。

　そこで、事業承継対策・相続対策・相続税申告のお手伝いをさせていただいている実務家の立場から、よくある失敗事例をご紹介し「こうすれば、良かった」をお話しします。

　本書は平成17年1月に「失敗事例から学ぶ相続対策・相続税申告」として発刊した本をベースに、令和時代を迎え新たに執筆の機会をいただき実現いたしました。

　発刊から15年、事業承継・相続に関する環境も大きく変わっています。事業承継税制の創設、会社法改正、相続税・贈与税改正、民法改正等、新しい法律・制度の制定・改正だけでなく、事業承継の選択肢としてM＆Aを検討することも当たり前になるなど当事者の考え方も変化しています。これらを踏まえて事例を追加・改変し充実を図りました。

　本書が、会社の成長やご家族の幸せに少しでもお役に立てば幸いです。

最後に、15年前に執筆した書籍に再び陽をあててくださり、本書の出版を企画実現くださった大蔵財務協会出版局の皆様に心からお礼申し上げます。

令和２年９月

山田コンサルティンググループ㈱

布施麻記子

　事業承継対策・相続税対策・相続税申告は、正しい知識と総合的見地からの検討が必要です。検討・実行にあたっては信頼できる専門家にご相談ください。

　本書は令和２年８月時点の税制等に基づき執筆しております。法改正により執筆時点とは異なる取り扱いになる場合がありますのでご了解ください。

目　次

第1編　失敗事例から学ぶ事業承継対策

PART1 事業承継

1 自社株の相続税問題は個人ごと、会社が第一　だからそのうち
考えよう…————————————————————2

2 個人の相続が会社の経営悪化に…————————4

3 「わが社の時価総額」なんて知らない————————6

参　考　非上場会社株式の評価方法————————8

4 赤字会社なのに相続税が高額に？————————16

5 合併により事業承継が延期に…————————18

6 後継者は長男　可愛い二男や長女にも自社株式を生前贈与——20

7 長男に株式を贈与したら、他の兄弟から不満が————22

8 非上場会社株式と遺留分————————24

参　考　事業承継対策と遺留分————————27

9 従業員に自社株を渡して節税を　でも「行きはよいよい、帰り
は怖い」————————————————————32

10 株主名簿に幽霊が————————34

コラム　株主に相続が発生したら————————36

11 信託の活用————————40

12 「黄金株」は「黄金」ではない————————44

13 「無議決権株式」の株主による株主総会って？————46

III

| コラム | 種類株式の制度 | 48 |

14 相続税で多額の借入金 ————————————————————52

15 個人で自社株を買い取っても結局会社が負担? ————————54

16 せっかく作った持株会社なのに売ってくれる人がいない… ———56

17 自社株を動かすタイミングとは?(相続時精算課税制度)———58

18 娘の配偶者が後継者! ————————————————————60

| 参 考 | 相続時精算課税制度 | 62 |

19 自社株をタダで承継できる?(事業承継税制)————————66

| 参 考 | 事業承継税制 | 69 |

20 相続対策は一般社団に移しておしまい? ————————————82

| コラム | 一般社団法人等に対する相続税の課税 | 84 |

21 医業承継は気を付けることばかり? ————————————————86

22 出資持分のない医療法人への移行が遅くなったために… ———90

| コラム | 医療法人の出資持分の評価方法 | 92 |

| コラム | 出資持分のない医療法人へ移行する場合の留意点 | 94 |

23 公益事業を行うのは公益法人? ————————————————98

PART2 M&A

24 息子を後継者に、と思っていますが… ————————————100

| コラム | 親族内承継、役員承継、M&Aの比較 | 102 |

25 息子に任せたものの会社がボロボロに…① ————————————104

26 息子に任せたものの会社がボロボロに…② ————————————106

27 役員承継したものの… ————————————————————108

28 情報が漏れ、根も葉もない噂が… ————————————————110

| コラム | M&Aの進め方 | 112 |

IV

29 家族のために進めていたはずが──────116

30 社長よりも偉い人はいませんか？──────118

31 早ければ早いほうがいい？──────120

32 全部売ってしまってヒマ？──────122

33 知り合いとM＆Aを直接進めてみたけれど──────124

34 譲渡後は、譲り受けた人が考えるべき、は間違い？──────126

35 どんぶり勘定だったがために…──────128

36 管理体制は目に見えない加点・減点ポイント──────130

37 M＆A事業者のアドバイスもあり、希望金額を高めにしたところ…──────132

38 価格が一番高いところが、うまくいく会社？──────134

39 引継ぎに失敗してしまい、いつまでも引退できず…──────136

コラム バリュエーション方法──────138

第2編　失敗事例から学ぶ相続対策

40 相続は「事後処理」と考えたために──────142

参考 相続税の計算方法──────144

コラム 「養子」が相続税に与える影響──────150

41 遺言書を遺したけれども──────152

参考 相続財産を受け取れる人って？──────154

参考 遺言の種類──────157

42 毎年コツコツ子どもや孫に内緒で贈与──────162

43 10年前の現金贈与　贈与税申告しなかったけれど時効成立？──164

コラム	連年贈与は認められない？	166
44	使い切らなかった教育資金贈与	168
45	相続税対策になるから、空き地にはアパートを建てよう…	170
46	「借金すると相続税が減る」と思い込み…	172
コラム	アパート建築が相続対策になるわけ	176
47	二世帯住宅の登記の方法を深く検討しなかったために…	178
48	70歳になって死亡保障の生命保険がすべて期限切れ…	180
49	税負担が軽くなる死亡保障の生命保険とは	182
コラム	保険料の負担方法	184
50	相続発生直前に預金口座から現金を引き出しておかねば…	186
51	連帯保証債務を把握していなかったために	188
52	財産を申告しなかったために…	190
コラム	相続税の税務調査とは	192
53	「あれが欲しい、これが欲しい」だけで遺産分割を決めてると…	196
54	土地を兄弟仲良く「共有相続」したばかりに…	198
参考	配偶者居住権	200
55	長年、隣地の地主さんと境界線でもめ続けていたために…	204
参考	相続税の納付方法	206
56	相続税は1次相続・2次相続トータルで	210
57	お父さんの事業、引き継いだけど	212
参考	小規模宅地等の課税価格の計算特例	214
58	相続発生から4年後、先祖伝来の土地を売却	216
59	10ケ月以内に遺産分割が決まらなかったために…	218
60	海外財産の相続は注意が必要	220

コラム	海外財産の名義とプロベート——————————222
コラム	「国外財産調書」と「CRS」——————————224
コラム	後継者・お子さんが海外にいらっしゃるケース、要注
	意！　～国外転出（相続）時課税～——————228

付　録　相続税早見表————————————————230

第1編

失敗事例から学ぶ
事業承継対策

第1編　失敗事例から学ぶ事業承継対策

1　自社株の相続税問題は個人ごと、会社が第一　だからそのうち考えよう…

事例

　非上場会社甲社の創業オーナー経営者Ａ氏。
一代で甲社を築き上げ、事業を成功に導いてきました。苦しい時期も経験してきたＡ氏は、「会社を盤石にすることが第一。自分の給与や生活は後回し」という信念のもと、甲社の経営にすべての時間を費やしました。結果、甲社は内部留保が非常に厚い「良い会社」となっています。Ａ氏は後継者である長男のＢ氏とともに陣頭指揮をとり続け、甲社が過去最高の利益を達成した翌年、急逝しました。

なぜ失敗？

　後継者のＢ氏は、Ａ氏の相続で甲社の株式（自社株）を承継し、多額の相続税を納めることとなりました。Ｂ氏にはお金が無く、Ａ氏の相続財産にも自社株以外の財産がほとんどなかったために納税資金が不足していました。Ｂ氏は会社の引継ぎで忙しく、余裕も無かったため、急ぎ不足額を甲社から借りて納税を済ませ、借りたお金を、毎月の役員給与から返済しています。

　「良い会社」の自社株は一般的に相続税の評価額が高くなります。さらに毎年の利益などによって評価額が大きく変動します。何もしていないと、自社株に対して予想外に多額の相続税が発生し、結果、会社に蓄えたお金を引き出して支払うことになりかねません。

2

Part1　事業承継

　自社株承継と相続税の問題は、オーナー経営者や後継者にとっては個人ごとではなく、間違いなく会社ごとと言えるのです。

こうすれば、良かった

　事業承継の中でも自社株承継の問題には、できるだけ早くから検討することが大事です。承継を実施する時期は、何年か後でも構いません。

　自社株の評価額は将来いくらになりそうか、その場合相続税はいくらか、後継者の負担はどれくらいか、納税資金は充分か、などは、前提を置けば数字で予想できます。さらに、予想をもとに事前の対策を考え、実施しておけば、将来の負担額をある程度確定させておくことも可能です。

　事業承継、特に自社株承継の検討を早く始めるということは、税金の問題以外にも意味があります。後継者が経営に専念できるような株主構成や、様々な自社株承継対策のメリット・デメリット、後継者以外の家族の生活などについて、じっくりと、何パターンも考えることができるということです。

　後継者が経営を承継するということは、後継者にとって良いことばかりではなく、個人保証の問題など、時によっては苦労も引き継ぐことになります。変化が激しさを増す経済・経営環境下で、後継者が相続税の納税に東奔西走し経営がおろそかになっては、元も子もありません。オーナー会社にとって、代替りは必ず起こるからこそ、会社ごととして自社株承継と相続税の問題を早いうちから考えることが重要になってくるのです。

第1編　失敗事例から学ぶ事業承継対策

2　個人の相続が会社の経営悪化に…

事 例

　非上場会社甲社のオーナーＡ氏に相続が発生しました。堅実な経営を行っていたため、甲社株式の相続税評価額が高額になっており、残された親族は多額の相続税を支払うことになりました。

　親族はＡ氏の死亡退職金を納税資金に充てることにより、何とか相続税を納めることが出来ました。しかし会社は死亡退職金を支払ったことにより、経営状況が悪化してしまいました。

　なお甲社は「役員退職引当金」を計上していませんでした。

なぜ失敗？

　Ａ氏の相続人は、受けとった死亡退職金で相続税を納め、個人の相続を無事終えることができました。しかし、甲社の財務状況を見ると、損益計算書には特別損失として役員退職金が計上され損益が悪化しました。損益が悪化したことで、取引先の与信管理の観点からこれまで受注していた入札案件について参加資格そのものを失い、案件を受注することができなくなってしまいました。貸借対照表上でも、純資産の部が大きく毀損することになってしまいました。

　Ａ氏は自身の相続について準備してきたつもりでしたが、会社の財務状況の悪化による経営への影響までは想定していませんでした。

Part1　事業承継

こうすれば、良かった

　事例のように死亡退職金で納税資金の手当てを考える場合、事前に退職引当金を計上しておけば、単年度の赤字幅は小さくすることができます。また、死亡退職金以外にも相続後に自己株式の取得を行うことで納税資金を捻出する方法もあります。この場合、貸借対照表の現預金が減少し純資産は減少しますが、損益計算書に費用は計上されません。

　金融機関からの借入に「財務制限条項」がある場合は、損益の悪化や純資産額の急激な減少などがそれに抵触し、予期せず返済を迫られることもあるため、注意が必要です。

　個人の相続は相続税の納税ができれば一旦終わりを迎えますが、会社の経営は後継者に経営権が移り続いていきます。相続が終わっても、後継者が会社の経営を続けていくことを考えておかなければなりません。

　相続はオーナー個人の問題のように思われますが、会社の経営に大きな影響を及ぼす可能性があるため、「個人ごと」ではなく「会社ごと」としてとらえ、個人の相続が会社の経営にどう影響を及ぼすかを想定した上で、対策を講じておく必要があります。

第１編　失敗事例から学ぶ事業承継対策

3 「わが社の株価総額」なんて知らない

事 例

　甲社はオーナー社長であるＡ氏が創業した会社であり、堅実な経営で着実に業績を伸ばしてきました。長年専務として甲社の業務に従事してきた息子のＢ氏は社員からの信頼も厚く、後継者としての自覚も芽生えてきたことから、Ａ氏は甲社の株式をＢ氏へ贈与しようと考えました。

　早速顧問税理士に相談したところ、甲社株式は５億円の株価となっていることが判明しました。これでは多額の贈与税が発生してしまうため容易に贈与することもできず、株式の承継方法について頭を抱えることとなってしまいました。

なぜ失敗？

　株式公開を考えていない非上場会社の社長の中には「わが社の株価総額」は経営を行う上で必要ないから考えない、という方も多いです。

　しかし、株式の承継時には「わが社の株価総額」が必要になります。相続税や贈与税の問題です。

　いざ株式を承継しようと思ったら想定外の株価がついていて苦労した、という話はよく耳にします。事前の準備不足、特に「わが社の株価総額」の認識不足が原因です。

Part1　事業承継

> ### こうすれば、良かった

　株式の承継にあたっては「株価総額の把握」「株式承継タイミングの見極め」「納税資金の準備」が重要です。

①　「わが社の株価総額」を把握する

　オーナー社長が持っている「わが社の株式・出資持分」は相続税・贈与税の課税対象です。相続や贈与した財産の評価額によって税額が決まります。そのため、「わが社の株価総額」を把握することが株式承継の第一歩となります。

②　株式を承継するタイミングを見極める

　非上場会社の株価（相続税評価額）の算出方法は財産評価基本通達に定められており、会社の利益がでて純資産が増加すればするだけ株価は高くなっていきます。

　ただし、例えば退職金の支払時などタイミングによっては株価が下がることもあるため、株価の推移を予測しながら株式の承継時期を検討することも大切です。

③　必要な納税資金を準備しておく

　株式の承継にあたっては、相続税や贈与税の納税資金の確保も大きな問題です。「わが社の株価総額」を把握し、株式の承継にどれだけの納税負担が発生するかを早めにシミュレーションしたうえで、来るべき株式の承継時期に備えて納税資金を確保しておくことも必要です。

第1編　失敗事例から学ぶ事業承継対策

参　考　非上場会社株式の評価方法

非上場会社株式の評価方法の基礎知識

　非上場会社株式の評価方法を理解しておくことは、事業承継を円滑に進めていくために有効です。ここでは非上場会社株式の評価方法について解説していきます。

　非上場会社株式の相続税評価額は下図に記載した手順に従い計算します。

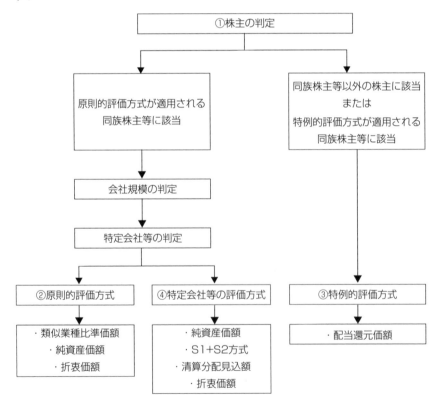

Part1　事業承継

①　株主の判定

　まず、株主が原則的評価方式を適用する同族株主等に該当するか否かの判定を行います（下図）。株主の様態に応じて原則的評価方式か特例的評価方式に分かれます。通常同族株主等の評価方法は原則的評価方式で非同族株主等（少数株主）の評価方法は特例的評価方式になり、基本的には原則的評価方式の方が株価は高くなります。

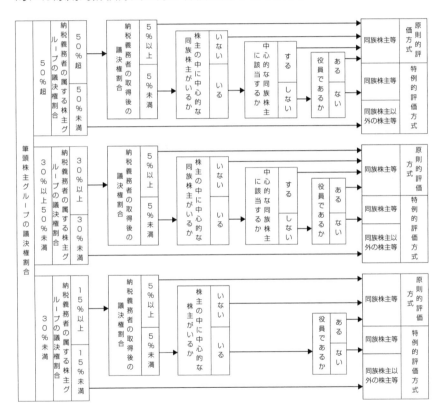

＊1　「株主グループ」とは、本人とその「同族関係者」をいい、次の者を指します。
　　(ｱ)　株主の親族（6親等内の血族・配偶者・3親等内の姻族）
　　(ｲ)　株主と内縁関係にある者

第1編　失敗事例から学ぶ事業承継対策

　　(ウ)　個人である株主の使用人

　　(エ)　(ア)～(ウ)以外の者で株主から受ける金銭等によって生計を維持している者

　　(オ)　(イ)～(エ)の者と生計を一にするこれらの者の親族

　　(カ)　株主と特殊関係のある法人（法人税法施行令第4条に規定）

＊2　「納税義務者」とは、非上場会社株式を相続、遺贈又は贈与により取得する者をいいます。

＊3　「中心的な同族株主」とは、特定の同族株主の一人およびその配偶者、直系血族、兄弟姉妹、1親等の姻族（法人税法に定める同族関係者である会社のうち、これらの者の議決権割合が25％以上の会社を含む）の合計議決権割合が25％以上である場合におけるその特定の一人の株主をいい、「中心的な株主」とは、議決権割合が15％以上の株主グループのいずれかに属しており、単独（株主1人）で議決権割合が10％以上となる株主をいいます。

②　原則的評価方式

　原則的評価方式では、会社規模に応じ、類似業種比準価額、純資産価額又はこれらの折衷価額を採用して株式評価額を計算します。なお、評価方式は会社規模に応じて2種類ずつ定められており、いずれか低い評価方式を選択することができます。

Part1　事業承継

会社規模と採用できる評価額

会社規模		類似業種比準価額	折衷価額			純資産価額
			類似業種比準価額	純資産価額		
大会社		○	−	−	−	○
中会社	大	−	○	0.9	0.1	○
	中	−	○	0.75	0.25	○
	小	−	○	0.6	0.4	○
小会社		−	○	0.5	0.5	○

　大会社、中会社、小会社の会社規模は以下に従い区分されます。

㋐　従業員数が70人以上の会社は大会社

㋑　従業員数が70人未満の会社は「取引高基準」と「従業員数を加味した総資産基準」のいずれか大きい方

【取引高基準】

取引金額			会社区分
卸売業	小売・サービス業	それ以外	
30億円以上	20億円以上	15億円以上	大会社
30億円未満7億円以上	20億円未満5億円以上	15億円未満4億円以上	中会社の大
7億円未満3億5千万円以上	5億円未満2億5千万円以上	4億円未満2億円以上	中会社の中
3億5千万円未満2億円以上	2億5千万円未満6千万円以上	2億円未満8千万円以上	中会社の小
2億円未満	6千万円未満	8千万円未満	小会社

【従業員数を加味した総資産基準】

取引金額			従業員数 69人以下 35人超	35人以下 20人超	20人以下 5人超	5人以下
卸売業	小売・サービス業	それ以外				
20億円以上	15億円以上	15億円以上	大会社			
20億円未満4億円以上	15億円未満5億円以上	15億円未満5億円以上	中会社の大			
4億円未満2億円以上	5億円未満2億5千万円以上	5億円未満2億5千万円以上		中会社の中		
2億円未満7千万円以上	2億5千万円未満4千万円以上	2億5千万円未満5千万円以上			中会社の小	
7千万円未満	4千万円未満	5千万円未満				小会社

11

第1編　失敗事例から学ぶ事業承継対策

類似業種比準価額方式

　類似業種比準価額方式とは、評価会社と「類似する業種の上場会社」の株価を基に計算する方式です。上場会社と評価会社の力を比較するために使う要素は「配当」「利益」「簿価純資産」の3つであり、以下の計算式で計算します。

＊　各要素は、1株あたり資本金等の額を50円に換算した株数での1株あたりの金額で計算します。

$$\text{類似業種の上場株価} \times \frac{\dfrac{\text{評価会社の配当}}{\text{類似業種の配当}} + \dfrac{\text{評価会社の利益}}{\text{類似業種の利益}} + \dfrac{\text{評価会社の簿価純資産}}{\text{類似業種の簿価純資産}}}{3} \times \begin{bmatrix} 0.7\text{(大会社)} \\ 0.6\text{(中会社)} \\ 0.5\text{(小会社)} \end{bmatrix} \times \frac{\text{1株あたりの資本金等の額}}{50}$$

　なお、平成29年度税制改正（平成29年1月1日以降施行）前の計算式は次の通りです。

$$\text{類似業種の上場株価} \times \frac{\dfrac{\text{評価会社の配当}}{\text{類似業種の配当}} + \dfrac{\text{評価会社の利益}}{\text{類似業種の利益}} \times 3 + \dfrac{\text{評価会社の簿価純資産}}{\text{類似業種の簿価純資産}}}{5} \times \begin{bmatrix} 0.7\text{(大会社)} \\ 0.6\text{(中会社)} \\ 0.5\text{(小会社)} \end{bmatrix} \times \frac{\text{1株あたりの資本金等の額}}{50}$$

　改正により類似業種比準価額の計算における「配当」「利益」「簿価純資産」の比重が「1：3：1」から「1：1：1」になりました。その結果、類似業種比準価額へ影響する利益の比重が小さくなり、配当及び簿価純資産の影響する比重が高まっています。

純資産価額方式

　純資産価額方式とは、評価会社を課税時期に清算したと仮定した場合に株主に分配される清算価値から評価する方式です。会社の課税時期における資産・負債の相続税評価額を基に以下の計算式で計算します。

Part1　事業承継

　算式上の（（相続税評価額による純資産価額－簿価純資産価額）×37%）は含み益に対する法人税額等を控除する意味であり、かっこ内が、プラスの場合のみ適用されます。

③　特例的評価方式

　同族株主等以外の株主の非上場会社の株式の評価額は、「特例的評価方式（配当還元価額）」により計算されます。この方式による株価は配当の期待値程度として計算されるため、一般的には同族株主等に適用される原則的評価方式で計算される株価よりも低くなります。

　具体的には以下の計算式で配当還元価額を計算します。

$$\frac{年平均配当金額(A)}{10\%} \times \frac{1株あたりの資本金等の額}{50円}$$

＊　Aの金額は、1株あたり資本金等の額を50円に換算した株数での1株あたりの金額で計算し、2円50銭未満の場合は2円50銭となります。

④　特定会社等の判定・評価方法

　評価会社が以下に掲げる特定会社等に該当した場合、前述した原則的評価方式は採用できず、以下の方式を採用して株式の評価額を計算します。

㋐　比準要素数1の会社

　　類似業種比準価額を算定する3要素（配当・利益・簿価純資産）のうち、直前期末を基準として計算した場合2要素がゼロになりかつ直前々期末を基準として計算した場合2以上の要素がゼロの会社

　→　純資産価額方式又は折衷価額方式（類似業種比準価額0.25、純資産価額0.75）

第1編　失敗事例から学ぶ事業承継対策

(イ)　株式保有特定会社

　　各資産の相続税評価額の合計額に占める株式等の価額の合計額の割合が50％以上の会社　→　純資産価額方式又はＳ１＋Ｓ２方式

(ウ)　土地保有特定会社

　　各資産の相続税評価額の合計額に占める土地等の価額の合計額の割合が一定以上（会社規模に応じて70％以上又は90％以上）の会社　→　純資産価額方式

(エ)　開業後３年未満の会社　→　純資産価額方式

(オ)　開業前又は休業中の会社　→　純資産価額方式

(カ)　清算中の会社　→　清算分配見込額

(キ)　比準要素数ゼロの会社

　　直前期を基準として計算した場合類似業種比準価額を算定する３要素全てがゼロとなる会社　→　純資産価額方式

Part1　事業承継

第1編　失敗事例から学ぶ事業承継対策

4 　赤字会社なのに相続税が高額に？

事 例

　半導体部品製造業を営む甲社。創業以来、高い技術力により順調に成長を遂げてきました。オーナー社長のA氏は、「持続的に成長するためには設備投資が必要」という経営方針から、配当は出していませんでした。

　数年前から、更なる業績拡大のため新工場への大型投資を開始し、受注量も伸び始めた矢先、A氏に相続が発生しました。

　仕事一筋だったA氏の主な相続財産は、会社の株式と少々の現預金でした。後継者であるご子息は、「ここ数年は設備の減価償却費が大きく、赤字決算だったから、相続税はあまりかからないだろう。」と想像していました。しかし、相続税の申告を依頼した税理士から、高額な相続税の負担を知らせる報告が…。

なぜ失敗？

　数年間赤字決算が続いた結果、甲社株式は「比準要素数1の会社」という特別な評価方法に該当していました。

　甲社の自社株の評価総額は、類似業種比準価額方式では2億円、純資産評価額方式では10億円でした。甲社は大会社であるため、一般の評価会社であれば2億円だったのですが、「比準要素数1の会社」に該当したため8億円（2億×0.25＋10億×0.75）と計算され想定よりも高額な

16

Part1　事業承継

株価になってしまっていたのです。

こうすれば、良かった

　事業承継対策の第一歩は、自社株の「株価総額」および「将来の株価の予測」を知っておくことです。そのためには、自社株の相続税評価ルールを知ることが大切になります。しかし、非上場会社の自社株の評価ルールは、非常に複雑で、また、例外もいくつもあります。

　一般の評価会社の場合、自社株の相続税評価額は類似業種比準価額と純資産評価額の折衷によって計算されます。そのうち類似業種比準価額は、「配当」・「利益（法人税課税所得）」・「純資産」の３要素が大きいほど高くなり、小さいほど低くなります。そのため、事例のように赤字の会社は株価が低くなると予想されます。しかし、類似業種の３要素が実質的に評価することができないケースや、株式保有特定会社や土地保有特定会社に該当するケースではこの折衷の割合が変わり、具体的には純資産評価額の割合が大きくなるあるいは純資産評価額でのみ評価することになります。純資産評価額は類似業種比準価額よりも高額であることが多いため、その結果株式の評価額は高くなりがちです（Ｐ８「参考」参照）。

　事例のように数年間利益が計上できないなどの「特殊な状況」が想定される場合には、事前に自社株の評価額がどうなるかを確認することが大事です。あるいは、定期的に自社株の評価を行うことも有効です。

第1編　失敗事例から学ぶ事業承継対策

5 合併により事業承継が延期に…

事 例

　化学薬品メーカーの創業経営者A氏は、販売・製造拠点を持つ甲社を営んでいました。A氏は更なる事業規模拡大のため、化学薬品卸売業を営む乙社を買収しました。

　数年が経過し、A氏も高齢になってきたことから、経営効率化のために甲社と乙社の合併を行い、合併により誕生した新甲社の株式を後継者であるご子息に贈与することにしました。

　合併直後に贈与を実行しようとしたところ、税理士から「待ってください。新甲社の株式評価額は合併前と比べて高額になっているため、いま株式を贈与すると多額の贈与税を負担しなければなりません。」と言われました。

なぜ失敗？

　A氏は、甲社と乙社の株式評価額とおおよその贈与税負担額を計算していました。しかし、合併を行った場合その後一定期間は自社株の相続税評価をする際に特別なルールがあり、合併後の新会社の株式評価額が合併前に比べて相当高くなる場合があることを知りませんでした。

　贈与税の負担は予想を超えて高額であったため、A氏はご子息への自社株の贈与を延期し、事業承継の完了は数年先に持ち越しになってしまいました。

Part1　事業承継

> **こうすれば、良かった**

　本事例のように合併など組織再編によって会社に大きな変化がある場合、その直後の自社株の評価では、会社規模に関わらず「類似業種比準価額」は採用できない、または「類似業種比準価額」の計算上の制約がある、という特別なルールがあります。

　「合併をしなければよかった」わけではありません。事業そのものも重要ですから、必要あれば適切な時期に合併すべきです。贈与税・相続税のために取りやめることは会社経営としては本末転倒です。
　この場合、例えば合併前に後継者（ご子息）に自社株を生前贈与する、といったことを検討してもよかったかもしれません。
　いずれにしても、合併や分割などの組織再編により会社組織・実態が大きく変化する時には、事前に「自社株の相続税評価に与える影響」を知っておくことが重要です。

第1編　失敗事例から学ぶ事業承継対策

| **6** | 後継者は長男、
可愛い二男や長女にも自社株式を生前贈与 |

事 例

　甲社の株主構成は、社長A氏が55%、A氏の弟B氏が30%、A氏の妹C氏が15%となっています。

　これは、父親である先代社長が後継者はA氏であるものの、甲社の経営には関与していない他の子供達にも甲社に関心を持ってほしいという思いからB氏、C氏にも株式を贈与したためでした。

　その後A氏は、甲社において新規事業を開始するためその事業を運営する乙社を吸収合併しようと考えました。ところがB氏は乙社を合併することには断固反対すると言って承認してくれません。C氏は、A氏とB氏から自分の味方になってくれと要求され板挟みとなってしまい判断できずにいます。

なぜ失敗？

　合併は株主総会での特別決議の承認が必要であり、これは株主総会に議決権の過半数を有する株主が出席し、かつ、出席した株主が所有する議決権の3分の2以上の賛成を得ることにより成立します。

　A氏自身の所有する株式数だけではその要件を満たせず、乙社を合併することができません。B氏に反対されると、A氏はC氏の協力なしでは今回の合併を進めることはできないのです。

Part1 事業承継

こうすれば、良かった

　親でもあるオーナー経営者の中には、親として自身の持つ株式を後継者となる長男だけではなくそれ以外の子供達にもできる限り分け与えたいという気持ちを持つ方もいるでしょう。しかし、会社の経営の安定のためには、後継者には株式の全部、少なくとも３分の２以上の株式を持たせることが望ましいと言えます。

　会社法では、会社経営の中で株主総会の承認決議を得なければならない事項を定めています。原則として、株主総会決議は参加する株主の過半数の賛成により成立しますが、会社の経営の中で特に重要な事項（定款変更、新株発行、事業譲渡、解散、合併・会社分割等の組織再編等）を承認するには特別決議が必要です。

　なお、事例で仮にＣ氏がＡ氏に味方し合併が承認されたとしても、合併に反対したＢ氏は自身の株式を買い取るよう会社に請求することができます。会社はこの買取請求に応じる義務があるため、買取価格によっては会社に想定外の資金流出が発生するおそれがあります。

第1編　失敗事例から学ぶ事業承継対策

7　長男に株式を贈与したら、他の兄弟から不満が

事例

　オーナー経営者のA氏は、後継者である長男Bに社長職を譲り自己の保有株式の全てを贈与しました。

　その8年後にA氏は他界しましたが、その遺産は自宅の土地建物と多少の現預金でした。A氏は遺言を遺していて、そこには「妻には自宅を、二男Cには現預金を相続させる。長男Bには自社株を生前贈与したので事業に専念し会社の発展に尽力せよ。」と書かれていました。

　遺言のとおり遺産分けをしてから1か月程経ったころ、事業を承継しなかったC氏から「Bは自分の遺留分を侵害しているので、その補填をして欲しい。」との内容証明郵便がB氏に届きました。

なぜ失敗？

　民法では、亡くなった人（被相続人）の遺産のうち相続人が最低限取得できる割合を定めており、これを遺留分といいます。遺留分を侵害された相続人は、遺留分を侵害した者に対して遺留分侵害額請求権を行使することができます（P27「参考」参照）。

　本事例ではA氏の保有する財産の大半が自社株でしたが、A氏は「長男Bはこれから会社を背負っていくし、会社の借入金について保証人にもなるのだから、自社株をBに全部贈与するのは当たり前だ。」と思っ

22

Part1　事業承継

ていました。一方Ｂ氏は遺留分という言葉は聞いたことがありましたが、父であるとはいえ個人の財産の状況を詳細に聞くのは気が進まなかったため、「父は弟にも相応の財産を渡すのだろう。」と思い、父親の意向に従って自社株の贈与を受けました。

　ところが、相続開始後すべての遺産を調べてみると目立った財産はなく、二男は長男と比べて少ない財産しか受け取ることができませんでした。その結果、二男は長男に対して自分の遺留分を侵害していると訴えてきたのでした。

こうすれば、良かった

　中小・中堅企業の事業承継は、オーナー経営者個人の資産承継と切り離して考えることができません。というのも、多くの場合、保有財産に占める自社株や事業用資産の割合が大きく、これをすべて後継者に集中させると、他の相続人の遺留分を侵害してしまう可能性が高いからです。

　従って、Ａ氏は自社株の贈与を単なる株式の引き継ぎと考えるのではなく、家族の資産承継の問題ともとらえ家族全員の納得を得ながらどう財産を分配するのかという視点も必要だったといえます。

　Ａ氏は長男と共に自己の資産状況を確認し、長男に対する自社株の贈与によって妻や二男の遺留分を侵害してしまう可能性があるのかどうかの検討をすべきでした。遺留分侵害の可能性があるのであれば、妻と二男に事情を説明して遺留分の放棄を求めたり、遺留分に関する民法の特例（P27「参考」参照）を利用したりするなどの対策を講じることもできます。

第1編　失敗事例から学ぶ事業承継対策

8　非上場会社株式と遺留分

事例

　非上場会社甲社の創業者であるＡ氏が亡くなりました。

　長男Ｂは早くから会社に入って父親であるＡ氏とともに経営に携わってきました。甲社は順調に事業を拡大し、Ａ氏の相続が起きた時は従業員が100人を超える会社に成長していました。

　生前Ａ氏は、相続税の計算のために税理士に財産評価を依頼しており、それによると甲社株は１億5,000万円、自宅は5,000万円、現金は１億円でした。自分の死後子どもたちで揉めることのないよう遺留分についても留意しながらＡ氏は遺言書を作成し、甲社株は長男、自宅は長女、現金は二人で按分するように定めました。

なぜ失敗？

　遺産分割の場面における財産評価の明確なルールは決まっていません。そのため、遺留分を侵害していないか試算するとき、相続税法上の評価額では問題なかったのに、時価で計算すると遺留分を侵害していた、ということがあります。

　特に非上場会社株式の場合は注意が必要です。相続税では財産評価基本通達によって定められた方法によってその財産額が計算されますが、遺産分割をめぐる争いになったときはそれ以外の方法、例えば「時価純資産法」や「DCF法」といった算定方法（P138「コラム」参照）で計

24

Part1　事業承継

算された金額が時価として用いられることもあります。

事例の相続財産に数値をいれてみましょう。

	①相続税評価額	②時価
現金	1億円	1億円
自宅不動産（注1）	5,000万円	5,000万円
非上場株式	1億5,000万円	4億円
合計	3億円	5億5,000万円
遺留分の額	7,500万円	1億3,750万円
長女の受け取った財産	1億円	1億円

注1　自宅不動産の相続税評価額と時価は一致しているとしている。

　相続人は長男と長女の2人でした。この場合法定相続分は2分の1、遺留分割合は4分の1と計算されます。

①　株価を相続税法上の評価額で計算した場合

　財産総額3億円に対して、長女は1億円を受け取ります。この場合遺留分の額7,500万円は侵害されていません。

②　株価を時価で計算した場合

　甲社の貸借対照表の純資産額（時価）が4億円であったとしてこれを時価とした場合、財産総額は5億5,000万円、遺留分の額は約1.4億円となるため、長女は遺留分を侵害されていることになります。この場合、長女は長男に対して遺留分侵害額請求権を行使することができます。

第1編　失敗事例から学ぶ事業承継対策

こうすれば、良かった

　遺留分侵害のリスクを見積もるためには、相続税法上の評価額だけではなく時価で評価した金額も考慮しましょう。

　もし、甲社株を生前長男に贈与していた場合、相続税の計算に甲社株は含まれません（注2）が、遺産分割で揉めた場合は数年前の贈与財産も遺留分の計算に考慮しなければならないことがあります（P27「参考」参照）。さらに、この金額は相続開始時の評価額で計算されるため、贈与から相続までの間に後継者である長男が会社の成長に貢献した価値も遺留分の計算に反映されてしまいます。

注2　相続時精算課税適用財産や相続開始前3年以内に行われた贈与は相続税の課税財産に加算される。

　非上場会社株式の時価は高額になる場合が少なくありません。一方で、事業を引き継ぐ人にとってその自社株は、財産的な価値だけでなく責任やリスクも伴う経営権という価値も持ちます。そのため円滑に事業承継を行うことを考えなければなりません。例えば遺言書に経営に関する自身の考えを遺したり、生前に子どもたちへそれぞれに渡す財産の意味や思いを直接伝えたりして、できるだけ遺産分割の際にトラブルが起きないようにしたいものです。また、遺留分に関する民法の特例（P27「参考」参照）も参考にしてください。

26

Part1　事業承継

参　考　事業承継対策と遺留分

遺留分とは

　民法には、相続人（注1）に被相続人の財産の一定割合の取得を認める制度があり、これにより認められる上記の一定割合を遺留分といいます。本来、自己の財産をどのように処分するかは所有者である被相続人の自由ですが、被相続人が全財産を遺言で第三者に遺贈してしまった場合などには、被相続人の財産を共に築いてきた家族の相続財産に対する期待が損なわれたり、遺された家族の生活に支障をきたすことがあります。このような不合理な事態を避けるため、遺留分の制度が定められています。遺留分を侵害された相続人は、遺留分を侵害した者に対して、自己の遺留分を侵害された部分について金銭でこれを払うよう請求することができます（遺留分侵害額請求権）。

　保有する資産の大半が自社株や事業用資産であるというオーナー経営者は少なくありません。そのような場合、事業を承継しない相続人に対しては相対的に少ない財産しか遺すことができず、当該相続人の遺留分を侵害する結果となってしまうことがあります。円滑な事業承継を期して行った対策が、図らずも後継者を遺留分をめぐる争いに巻き込んでしまうこともあるのです。

相続人各自の遺留分の割合

　直系尊属（父母や祖父母）のみが相続人となる場合は被相続人の財産の3分の1に相当する額が、それ以外の場合は2分の1に相当する額が遺留分として認められます。相続人が複数の場合には、遺留分割合をさらに法定相続分で按分します。

27

相続人が配偶者と子二人の場合には、被相続人の財産の2分の1が遺留分とされ、それを法定相続分で按分することになります。相続人各自の遺留分は、配偶者は1/2×1/2すなわち4分の1、子についてはそれぞれ1/2×1/2×1/2すなわち8分の1となります。

遺留分算定の基礎となる財産

遺留分は被相続人の財産の一定割合の取得を保障する制度ですので、「被相続人の財産」が確定しなければ、各相続人の具体的な遺留分の額は決まりません。この遺留分算定の基礎となる財産(以下「基礎財産」といいます。)は次のように求められます。

	①被相続人が相続開始時点で有していた財産の価額
＋	②被相続人が生前に贈与をした財産の価額
－	③債務の全額

①には相続人が被相続人から承継した財産や、被相続人が相続人でない者に遺贈などをした財産が含まれます。②については、基礎財産に算入される贈与の範囲や財産の評価が問題となります(後述)。③には借入金などのほか、租税債務も含まれます。

遺留分の額の具体的な算定方法

例として、亡Aの相続人が、妻B、長男C(後継者)および二男Dだった事例で考えてみましょう。Aが亡くなった時に現金1億円を有しており(負債はない)、妻BとDに5,000万円ずつ相続させる旨の遺言を遺していたとします。Aは亡くなる半年前に自社株4億円相当を後継者である長男Cに贈与していました(なお、相続開始時点の自社株の価値も4億円相当であったとします)。

Part1　事業承継

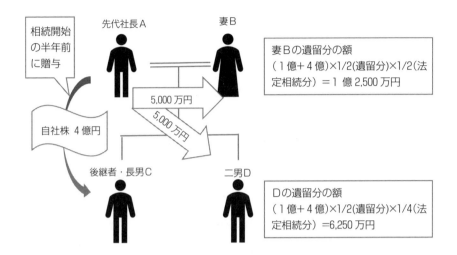

　基礎財産は、①1億円+②4億円-③0円=5億円となります。この例では遺留分の割合は2分の1となりますから、遺留分の総額は5億円×1/2=2億5,000万円です。これを法定相続分で按分するので、具体的な遺留分の額としては、Bは1億2,500万円、CとDはそれぞれ6,250万円となります。BとDは5,000万円ずつしか相続していませんので、自己の遺留分の額との差額（Bについては1億2,500万円-5,000万円=7,500万円、Dについては6,250万円-5,000万円=1,250万円）についてBに金銭の支払いを請求することができます。

　Cは自社株を承継しただけで金銭は貰っていないにもかかわらず、合計8,750万円もの支払いを請求されるおそれがあるのです。

基礎財産に算入される生前贈与

　基礎財産に算入される贈与（上記②）について、民法は、贈与を受けた者が相続人なのか、そうでないのかに分けて取り扱いをしています。贈与を受けた者が相続人の場合には、相続開始前の10年間に被相続人が

第1編　失敗事例から学ぶ事業承継対策

行った贈与が算入の対象となります。一方で相続人ではない者に対してなされた贈与については、相続開始前の1年間にしたものに限り算入の対象とされます。

　上記の例では、仮にAからCへの自社株の贈与が相続開始の9年前であったとしても、結論は変わらないことになります。

　なお、相続開始の10年より前に贈与された財産は、原則として基礎財産に算入されません。ただし例外として、贈与をする者と贈与を受ける者の双方が遺留分権利者に損害を与えることを知って贈与をしたような場合には、仮に相続開始時点で贈与から10年経過していたとしても、贈与した財産は基礎財産に算入されます。

贈与した財産の評価について

　贈与をした財産が不動産のように価値が変動するものであった場合、贈与の価額とはいつの価額になるのでしょうか。これは、相続開始時点で評価された価額とされています。

　上記の例で、仮に贈与時点での自社株の価値が1億円だった場合、Aの相続開始時点において1億円のままであればCは遺留分の支払請求はされません（注2）。しかし、Aの相続開始時点で4億円になっていた場合には、Cは自らの手腕で株価を4倍に押し上げたとしても、他の相続人から遺留分の支払請求をされてしまうという結果になってしまうのです。

遺留分問題への対応

　このように、事業承継の場面において大きな留意事項となり得る遺留分の問題ですが、対応にはいくつかの方策が考えられます。

　例えば、ご自身が元気なうちに家族会議を開催して、相続人それぞれ

30

Part1　事業承継

に対してどのような財産を遺すのか、その意図は何なのかを十分に説明し、全員の納得を得た上で事業を承継しない相続人には遺留分放棄の手続きを取ってもらうことが考えられます。なお、そもそも遺留分を放棄するかどうかは相続人本人の自由意思によるものですから強要することはできません。また、遺留分放棄手続きには家庭裁判所の許可が必要です。

　他にも、遺留分に関する民法の特例（経営承継円滑化法）に基づき、中小企業者の経営者の生前中に除外合意や固定合意をすることも有用です。

　除外合意とは、後継者が先代経営者から贈与等によって取得した自社株についてこれを基礎財産から除外する、相続人全員による合意をいいます。

　固定合意とは、後継者が先代経営者から贈与等によって取得した自社株について、基礎財産に算入すべき価額を合意の時における価額に固定する、相続人全員による合意をいいます。固定合意後に自社株の評価が上昇したとしても基礎財産の額に影響を及ぼさないことから、後継者は先代経営者の相続時に想定外の遺留分の主張を受けることがなくなる点にメリットがあります。

....

注1　相続人のうち、被相続人の兄弟姉妹には遺留分が認められない。

注2　基礎財産：2億円（相続開始時の財産1億円＋生前贈与された株式の額1億
　　　　　　円－負債0円）

　　　遺留分の総額：1億円（2億円×1/2）

　　　具体的な遺留分の額：妻5,000万円（1億円×1/2）、B及びCそれぞれ
　　　　　　　　　　　　　2,500万円（1億円×1/2×1/2）

第1編　失敗事例から学ぶ事業承継対策

9 従業員に自社株を渡して節税を でも「行きはよいよい、帰りは怖い」

事例

　精密機械（部品）のメーカー甲社（資本金1,000万円）。業績もよく多額の含み益のある資産を持つため株式時価総額（相続税評価額）は20億円と高額でした。

　A社長は、最も手っ取り早い自社株対策として、自分が所有する自社株（100%）のうち20%相当分を従業員に100株ずつ売却しました。このとき売却金額はいわゆる額面である1株500円、合計200万円でした。これでA社長の持つ自社株（80%）の相続税評価額は16億円に減りました。その後A社長が亡くなったため、長男のB氏が自社株を相続しました。

なぜ失敗？

　A社長の持つ自社株のうち20%を事前に従業員に渡しておいたので、後継者である長男Bが負担する相続税は相当額減少しました。

　その後、株式分散により株主総会手続き等が煩雑となったことや、将来甲社を第三者に売却する可能性も考えて、B氏は従業員から甲社株式を全株買い戻すことを検討しました。

　父親が総額200万円で売ったので、同額で買い戻そうとしたところ、「相続税評価額4億円と買取代金200万円との差額について贈与税を払うことになる。」と税理士に言われました。

32

Part1　事業承継

> ## こうすれば、良かった

　非上場会社の株式時価は「一物二価」です。同族株主にとっての価値（株価）と、少数株主（わずかの株数を持つ株主）にとっての価値（株価）は異なります。同族株主が従業員に自社株を売却する場合は、額面金額程度の価額（特例的評価）でも特に課税は生じません。一方で、それを買い戻す場合は同族株主にとっての価値（原則的評価）より低いと、その同族株主の価値と実際の買戻し金額との差額相当について、贈与税がかかります。また、少数株主より同族株主の価値で買い取ってくれと言われることもあります。

甲社の場合
　　同族株主にとっての価値（価額）…原則的評価1株＝10万円
　　少数株主にとっての価値（価額）…特例的評価1株＝500円
（A社長の売却時と長男Bの買い戻し時の株式の評価額自体は同額と仮定）

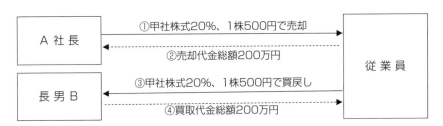

※　1株500円で長男Bが買い戻した場合は、10万円との差額（1株99,500円）について長男Bに贈与税がかかります。

第1編　失敗事例から学ぶ事業承継対策

10 株主名簿に幽霊が

事例

　オーナー社長であるＡ氏は、創業した甲社を経営し順調に業績を伸ばしてきました。

　Ａ氏は、創業当初から共に働く従業員に会社への帰属意識を持ってもらうため自社株を持たせたいと考え、全株式10,000株のうち1,000株を複数の従業員に譲渡しました。そのうち200株を譲り受けた従業員Ｂがその後甲社を退職しました。Ｂ氏は退職後しばらくは株主総会に顔を出していましたが、数年経つ頃には株主総会招集通知を送っても宛先不明で会社に戻ってきてしまうようになりました。今では連絡も取れず、生きているかどうかも分かりません。

　その後Ａ氏は、甲社の事業承継にあたって後継者に経営を譲りながらもある程度は関与し続ける権利を持ちたいと思い、拒否権付株式を導入しようとしたところ、株主全員の同意が必要であることがわかり、導入を断念せざるをえませんでした。

なぜ失敗？

　所在不明の株主は権利を行使をしないため、その株主が保有する株式数が多くなければ会社経営に不都合が生じることはあまりありません。そのため何も対応していないという会社も多いのではないでしょうか。甲社でも、Ｂ氏が保有する株式数は200株であり、Ｂ氏が出席しなくて

34

Part1　事業承継

も株主総会で決算承認や役員選任等の決議を行うことはできていました。しかし、本事例のように発行済株式の一部を種類株式に変えるときはすべての株主の同意が必要となるため、事業承継対策として取り得る選択肢が減ることになってしまいました。

こうすれば、良かった

　株主の管理は重要です。本事例のように従業員に株式を持ってもらいたいと考えるのであれば、従業員持株会を検討してみてはどうでしょうか。

　従業員持株会とは、会社の従業員が会社の株式を間接的に取得・保有することを目的として作る組織です。持株会を作るにあたっては会の決まり（規約）を定める必要があります。この規約に「従業員がその会社を退職する時は持株会から退会する。退会にあたりその従業員の持分は持株会が買い取る。」と決めておけば、従業員が株式に係る権利を持ったまま会社を退職することはなくなります。

　なお、会社法には所在不明株主の意向と関係なく株式を処分する制度があります。ただし、その手続きは厳格かつ長期間を要します。すなわち、①所在不明株主に連続して5年以上通知が届かないこと②所在不明株主が続けて5年間配当金を受け取らないこと、を条件として裁判所の許可を得て売却することとなります。

第1編　失敗事例から学ぶ事業承継対策

コラム

株主に相続が発生したら

　定款に株式譲渡制限の定めをおいている会社では、株式をだれかに譲渡しようとする株主は会社にその譲渡を承認してもらう必要があります。会社にとって好ましくない譲受人の場合、会社は譲渡を承認しないことができます。一方で株主に相続が発生した場合、会社は株式を相続人が取得することを阻止できません。

　しかし、相続人には株式を持ってもらいたくないと考える経営者の方もいるでしょう。その場合会社が相続人から株式を強制的に取得する方法もあります。以下2つの方法をご紹介します。

1．相続人に対する売渡請求制度を活用する方法

　定款に「株主に相続が発生した場合には会社が相続人に株式を売り渡すよう請求できる」と定めておく方法です。この定めを設けるには、株主総会の特別決議（議決権の過半数を持つ株主が出席し、出席株主の議決権の3分の2以上の賛成）が必要です。

　この定めがあれば、相続が発生した場合、会社は相続発生後1年以内に相続人に対しその相続した株式を会社に売り渡すよう請求できます。請求を受けた相続人はこれに応じなければなりません。ただし、売買価格をいくらにするかについては会社と相続人の合意が必要です。合意できない場合には裁判所に売買価格を決定してもらうことになります。

　この制度の留意点は次の3つです。

36

Part1 事業承継

(1) 売渡請求の対象とする「相続人」と「株式数」について株主総会の特別決議が必要です。なお、この対象となる相続人には議決権がありません。

　オーナー経営者に相続が発生した場合には、オーナー経営者の相続人が売渡請求を受ける可能性もありその相続人は株主総会で議決権を有しません。結果として、オーナー経営者の相続人が株主から排除されるというオーナー家にとってのリスクがあります。

(2) 売買価格につき相続人と合意できないときには売渡請求日から20日以内に裁判所に「売買価格決定」の申立をしないと売渡請求自体が失効してしまいます。

(3) 裁判所が決定する売買価格は会社の資産状況などを考慮した価格となるので、ある程度高い価格になることを覚悟しておく必要があります。

2. 取得条項付株式（種類株式）を活用する方法

　種類株式の１つである取得条項付株式を活用する方法です。例えば、定款に「この株式を持つ株主に相続が発生した場合には取締役会決議に基づき会社が相続人から株式を取得できる。取得対価は金銭とし、その価格は…の計算式による。」などと定めたうえで、この株式を株主に持ってもらう方法です。この定款の定めを設けるには、株主総会の特別決議に加え株主全員の同意が必要です。

　実際にこの株主に相続が発生した場合には、会社は定款で定めた計算式に基づいて算定した価格で相続人から株式を取得します。取得対価算出の計算式は定款であらかじめ決まっているためあらため

第1編　失敗事例から学ぶ事業承継対策

て当事者で合意する必要はなく、また株主総会決議も不要です。さらに、相続開始から取得までの期間制限もありません。

　これらの方法が適さない場合もありますので、事前に株式集約をしておくことも重要です。

Part1　事業承継

第1編　失敗事例から学ぶ事業承継対策

11　信託の活用

事例

　甲社の株式は、A社長が100%保有していました。

　A氏は息子Bを後継者と決め自社株を渡すことにしました。ただ、B氏はまだ若く経験も乏しいことから、株式の65%を渡し、残り35%は自身が保有しておくこととしました。これにより定款変更や組織再編など会社にとって重要な事項を決めるときは、A氏の同意が必要になるようにしました。

　A氏は、B氏が経験を積んできたところで残りの株式も渡すつもりでいましたが、その前に病気で体調を崩し、判断能力が低下したため、現在は成年後見人Cが就任し株主総会に出席しています。

　事業を引き継いだB氏は、その後自社の不採算部門を売却しようと考え売却先候補を見つけました。急ぎ売却した方が良いと判断したB氏は、早速成年後見人であるC氏に事情を説明し同意してほしいと伝えたところ「すぐには結論を出せないので賛成も反対もできない」と言われました。

なぜ失敗？

　事業の譲渡を行うためには、株主総会の承認が必要です。承認を得るためには、議決権の過半数を有する株主が出席し、その議決権の3分の2以上の賛成が必要です。

40

Part1　事業承継

　父親のＡと息子Ｂとは一緒に経営をしていてＡ氏が議決権行使できている間は「あうんの呼吸」で株主総会の承認を得ることができたのでしょう。しかし、Ａ氏の成年後見人Ｃ氏に賛成してもらうためには、Ｂ氏は会社の事情を一から説明し、事業譲渡を行うことについて理解してもらう必要があります。Ｃ氏は、Ａ氏の財産を守るという成年後見人としての立場から議決権行使を判断する必要があるため、事業譲渡がＡ氏の財産にどのように影響するのか、すぐに結論を出すことができませんでした。

こうすれば、良かった

　Ａ氏が議決権を行使できなくなったときに、Ａ氏に代わってＢ氏が議決権を行使することができるような仕組みがあれば、甲社のような事態は避けることができます。その方法の１つとして、自社株を信頼できる誰かに預ける「信託」があります。

　信託とは、「自分の財産」を「信頼する人」に託し、「自分あるいは第三者」のために管理・運用してもらう制度です。財産を託す人を委託者、託される人を受託者、財産の管理・運用から生じた利益を受け取る人を受益者といいます。

　信託を設定するにあたっては、どの財産を、どのように管理・運用してもらいたいか、管理・運用から生じた利益を誰にどのように給付するか等を決めます。一度決めた内容は、委託者の判断能力が低下した後でも、受託者によって実現されます。

第1編　失敗事例から学ぶ事業承継対策

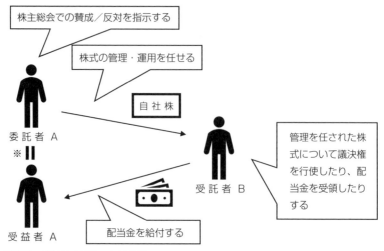

　A氏が自社株をB氏に信託すると、B氏はA氏のために株主総会に出席して議決権を行使するなど株主としての権利を行使し、会社から受け取った配当金をA氏に給付します。B氏による議決権行使については、信託設定時はA氏が指示し（指図権）、A氏の判断能力低下後はB氏がその一存で議決権を行使できる、と定めればよいでしょう。

　信託は、委託者の判断能力が低下してしまってからでは設定できません。既に本人の判断能力が低下している場合に財産の管理を任せるには、本事例のように成年後見制度を利用することになります。本人が所有する自社株も成年後見人によって管理されることとなります。成年後見人が何を行うにしても、本人の意思を確認することが困難であるため、成年後見人は本人の財産を維持できているか、本人の利益を損なっていないかという観点から判断することになります。

Part1　事業承継

第1編　失敗事例から学ぶ事業承継対策

12　「黄金株」は「黄金」ではない

事例

　非上場会社のオーナー社長であるＡ氏。黄金株が１株あればなんでもできると考え、自ら保有する発行済株式100株のうち１株を黄金株にし、残り99株を後継者である子どものＢ氏に贈与しました。

　その後、新規事業を思い立ったＡ氏は必要な資金を調達するために株式の追加発行を行うことを計画しました。しかし、Ｂ氏は、新規事業に関してＡ氏とは異なる考えをもっていました。Ａ氏はＢ氏に対し説得を試みるもＢ氏は賛成してくれません。その結果、株式の発行に関する株主総会の承認決議を得ることができませんでした。

なぜ失敗？

　いわゆる黄金株とは、「『拒否権付』種類株式」のことです。黄金株を保有していれば、拒否権行使の対象としてあらかじめ定めた事項（株式の発行、役員の選任、合併など）について、黄金株の株主が反対することでストップをかけることができます。しかし、黄金株はあくまでも「拒否権付」の株式、つまり、ストップをかけることができる株式に過ぎず、自らが推進したい事項について、主体的に決定できる株式ではないのです。

44

Part1　事業承継

> ## こうすれば、良かった

　Ａ氏が安定して経営を続けたいなら、Ｂ氏には議決権のない株式を渡すなど、Ａ氏が議決権を確保する方策をとるべきでした。今回のような失敗を防ぐためには、相続税対策の観点だけでなく事業面に与える影響も踏まえ対策を練ることが必要です。その際、オーナー社長と後継者が対策実行後できること・できないことを理解することが大切です。その上で、自社株をどのタイミングでどのように後継者に移転するかを慎重に検討するべきです。

　黄金株は、予め定めた会社の決議事項（注）についてはストップをかけることができる強力な権限を持つ株式です。例えば、経営に関しては後継者に譲り、自身が歯止めとなる必要がある事項にだけ黄金株を設定する、といった方法が考えられます。しかし、拒否権が濫用されると会社が機能不全を起こすため、黄金株を設定する場合は、会社が黄金株を一定の場合に取得できる条項を付したり、遺言を作成して相続が起こった際に黄金株を渡す相手を予め決めておくような工夫も必要です。

注　拒否権行使の対象は、取締役の選任、株式の発行、合併、会社分割、株式交換、定款変更、株式の譲渡承認など、取締役会・株主総会の決議事項の中から自由に選択して設計することができます。

第1編　失敗事例から学ぶ事業承継対策

13 「無議決権株式」の株主による株主総会って？

事 例

　A氏は、保有する自社株を後継者である息子のB氏に贈与しよう
と考えました。ただ、A氏はまだ自分自身で経営を行っていくつも
りだったので、保有する株式の一部を株主総会における議決権がな
い株式に変え、息子にはその株式を贈与しました。

　その後A氏は他社との合併を決意し手続きを進めていたところ、
「合併にはB氏の賛成が必要」と専門家から説明を受けました。全
ての決議事項を自分だけで決定できると思っていたA氏は、息子に
合併の内容を説明しましたが、意見が対立し賛成を得ることができ
なかったため、合併を断念せざるをえませんでした。

なぜ失敗？

　株式会社は、複数の種類の株式を発行することができます（P48「コ
ラム」参照）。「議決権のない株式」としてよくみられる定款の定めは、
次のとおりです。

　第●条（議決権）無議決権株主は、株主総会における決議事項のす
べてについて議決権を行使することができない。

　この定めをおけば、無議決権株主が議決権を行使することはないと思

46

Part1　事業承継

ってしまいますが、実はそうではありません。

　議決権のない株式を導入すると、通常の株主総会に加えて「議決権の
ない株主による種類株主総会」が存在することになります。種類株主に
損害を与えるような行為については、この「議決権のない株主による種
類株主総会」での決議も必要となります。

　今回の事例では、B氏は通常の株主総会では議決権はありませんが、
「議決権のない株主による種類株主総会」では議決権を有しています。
本事例の合併手続では、この種類株主総会の決議が必要であったため、
B氏によって否決され、手続きがストップとなりました。

こうすれば、良かった

　会社の意思決定に対するB氏の影響をできる限り制約するには、B氏
の持つ株式について株主総会における議決権を制限することに加え、
「議決権のない株主による種類株主総会」の決議を要する事項を制限す
る旨の定めを追加するという方法があります。

（定款例）当会社が会社法第322条第1項各号（第1号を除く。）に記
　　　　載された行為をする場合においても、無議決権株主による種
　　　　類株主総会の決議をすることを要しない。

　あるいは、A氏もB氏と同じ種類の株式（議決権のない株式）を保有
し、この種類株主総会においてA氏が単独で決議できるだけの議決権を
確保しておくという方法も考えられます。

第1編　失敗事例から学ぶ事業承継対策

コラム

種類株式の制度

　オーナー経営者が事業承継の場面で検討すべき事項は、後継者が保有する議決権の割合、経営権移転のタイミング、将来の株式の分散防止など様々なものがあります。これらを解決する選択肢の一つに種類株式の導入があります。

種類株式とは

　会社は一定の事項について内容の異なる2以上の種類の株式を発行することができます。この株式を種類株式といいます。

　一定の事項には、会社法上9つの事項があり、複数組み合わせることもできます。

　また、株式の内容について特別の内容を設けていない株式を、実務上『普通株式』と呼ぶことがあります。例えば、議決権制限株式と普通株式を発行している会社の場合、議決権制限株式だけでなく普通株式も一つの種類株式と考えます。

Part1　事業承継

【種類株式の例】

1	配当優先（劣後）株式	剰余金の配当について異なる内容の株式
2	残余財産優先（劣後）株式	残余財産の分配について異なる内容の株式
3	議決権制限株式	株主総会において議決権を行使することができる事項について異なる定めをした株式
4	譲渡制限株式	譲渡による株式の取得について会社の承認を要する株式
5	取得請求権付株式	株主が会社に対してその株式の取得を請求することができる株式
6	取得条項付株式	一定の事由が生じたことを条件として会社がその株式を強制的に取得することができる株式
7	全部取得条項付株式	株主総会の特別決議によりその株式の全部を取得することができる株式
8	拒否権付株式	一定の事項につき取締役会又は株主総会の決議の他、当該種類の株主による種類株主総会の決議を必要とする株式
9	取締役・監査役選解任権付株式	当該種類株主総会において取締役又は監査役を選任及び解任することができる株式

事業承継における活用例

① 議決権制限株式、配当優先株式

　オーナー経営者が事業承継の場面で留意すべき事項の一つに、後継者が保有することになる議決権割合の問題があります。事業を承継しない相続人には議決権制限株式を相続させることにより後継者が議決権の多数を支配することが可能になります。一方で議決権を制限された相続人は、不満を持つ可能性があります。その対策として、例えば配当優先を付け加えるという方法があります。

② 取締役・監査役選解任権付株式

取締役・監査役選解任権付株式とは、当該種類株主を構成員とする種類株主総会で取締役又は監査役を選任及び解任できる株式です。

オーナー経営者から後継者に取締役・監査役選解任権付株式を承継させることにより、仮に保有する株式が少なくても役員の選任及び解任を通して会社の経営権を確保することが可能となります。

③ 取得条項付株式

取得条項付株式とは、『一定の事由』が生じたことを条件に会社が株主から当該種類株式を取得することができる株式です。

会社の従業員に退職を一定の事由と定めた取得条項付株式を持たせることで、この株式を持つ従業員が退職した場合、会社が当該種類株式を確実に回収することができます。これにより会社関係者以外への株式の分散を防ぐことが可能となります。

種類株式の導入方法

種類株式を導入するためには、株主総会特別決議による定款変更が必要です。既に発行している株式の一部を種類株式に変更する場合は、さらに総株主の同意が必要となります。

また、種類株式を発行するとその内容について登記が必要となり、その内容は第三者の目にも明らかになります。

属人的株式について

種類株式とよく似た制度に、『属人的株式』があります。属人的株式とは、①剰余金の配当に関する事項、②残余財産の分配に関する事項及び③株主総会における議決権に関する事項について、株主ごとに異なる取扱いを行う株式です。

Part1　事業承継

　種類株式は株式の内容を変更しているため、相続や譲渡により他の株主が種類株式を取得した場合でも同一内容の権利行使が可能です。一方、属人的株式は個々の株主に対して特別な権利を付与していますので、他の者がその株式を取得してもその権利までが承継されることはありません。

　属人的株式の活用例としては、後継者の保有する株式に複数議決権を与え、事業を承継しない相続人には、配当金の受取りにつき優先権を与えることにより、先に紹介した種類株式を導入したケースと同じような取扱いが可能となります。

　属人的株式の導入方法は、種類株式とは異なり、通常の株主総会特別決議ではなく、特殊決議（注）が必要となります。

　また属人的株式の導入は、種類株式と異なり登記事項ではないため、第三者に知られることなく実行できるという特徴があります。

　事業承継における種類株式又は属人的株式の活用方法は個々の会社のおかれた状況で大きく変わってきます。まずはオーナー経営者が会社の問題点を明らかにし、その解決方法の一つとして種類株式又は属人的株式の導入を検討する場合は、専門家に相談しながら進めることが重要です。

注　総株主の頭数の半数以上であって、かつ、総株主の議決権の４分の３以上
　　の多数による決議。

第1編　失敗事例から学ぶ事業承継対策

14 相続税で多額の借入金

事 例

　菓子製造業甲社（非上場）の創業者A氏に相続発生。相続人である子供2人（B氏・C氏）はいずれも甲社に勤めています。弁護士によれば甲株式だけで10億円以上になるとのことで、その他に実家・賃貸不動産・現預金といった遺産がありました。B氏・C氏の自己資金ではとても相続税を支払えませんし、甲社も多額の設備投資を行ったばかりで余裕資金はありません。かといって相続放棄するわけにもいかず、結局3億円ずつ銀行から借り入れて何とか納税を済ませました（金利1％）。

　金利だけで毎年300万円、元金は全く減りません。しかも相続した甲株式は非上場のため容易に現金化できません。B氏・C氏は、「いつになれば平穏な生活を取り戻せるのか。」と不安を抱えながら甲社の仕事で精一杯の日々を送っています。

なぜ失敗？

　ある日突然びっくりするような額の相続税が降りかかり、10ヶ月という相続税申告期限が迫るなか借入により納税する方法しか思い至らなかった事例です。

　相続税は金銭納付が原則ですが、金銭以外の財産で納付する方法（物納）も設けられています。本事例でも活用することができました。

52

Part1 事業承継

こうすれば、良かった

相続税の納税方法は、「金銭一括納付」「延納」「物納」があります。特に非上場株式などの換金化が難しい資産は、納税方法が重要になり、どの方法を選ぶかは事前に検討しておいた方がよいでしょう。

非上場株式を物納する場合、物納した株式を買い受ける資金と買い受けるまでの議決権が問題になります。非上場株式は上場株式と異なり流通性がないため、財務局等はまず発行会社などに買い戻しの意向確認を行い売却します。相続人にとっては物納した時点で申告・納税は、完了ですが、会社にとっては買受先が決まってやっと完了なのです。買受までの期間は国が株主になります。

このように株主構成や議決権割合が変わるという問題が生じることも気を付けて、物納を検討してください。

第1編　失敗事例から学ぶ事業承継対策

15 個人で自社株を買い取っても結局会社が負担？

> **事 例**
>
> 　非上場会社甲社の後継者A氏は父親である前社長のB氏から自社株を承継しました。B氏が先代から個人で株式を買い取っていたため、A氏も株式の承継は同じように行うものだと思い、個人で株式を買い取りました。A氏は甲社の株価が高く自己資金で株式を買い取ることが難しかったため、買取資金は金融機関からの借入で用意しました。

なぜ失敗？

　自社株の承継を検討する場合、まずは、後継者個人で買い取るか贈与を受けるかを検討することが多いようです。しかし株価が高く、これにかかるコストが高額になる場合、そう簡単ではありません。

　A氏が個人で借入をして株式を買い取ると、当然その借入金を返済する必要が出てきます。借入金を返済するためには、甲社からもらう役員報酬を増額する、配当金を増額する等の方法が考えられますが、結局のところ甲社の資金により返済していくことになります。また役員報酬や配当金にかかる所得税は総合課税になるため、最高で約55％（住民税含む）の税率で課税されてしまいます。

　その結果、甲社がA氏に支払う金額は、A氏が父親B氏から株式を買い取った金額の約2倍になってしまいました。

54

Part1　事業承継

こうすれば、良かった

　自社株の承継方法は様々な角度から検討する必要があります。自社株の移転先、移転方法（贈与・譲渡）、それに伴うコスト、その負担方法、自社株を承継した後の経営体制など、挙げればキリがありません。

　本事例では「Ｂ氏が先代から個人で自社株を買い取った」ということを理由に他の方法を検討することなく、個人で買い取る方法を選択してしまいました。しかし、株式移転コストの調達、返済方法を考慮していれば、その他の方法を選択していた可能性もあります。例えば、事業承継税制の活用や資産管理会社に集約する方法なども考えられます。

　自社株の承継方法は、経済合理性だけで判断するわけではありませんが、手段を選ぶにあたって株式移転のコストは大切な要素の1つです。大きな金額が動くからこそ、借入金の調達、返済方法まで考慮して、長期的なシミュレーションを組んだ上で、株式の承継方法を検討しましょう。

第1編　失敗事例から学ぶ事業承継対策

16　せっかく作った持株会社なのに 売ってくれる人がいない…

事例

　非上場会社甲社は三代目社長であるＡ氏のほかＡ氏の親族や会社
ＯＢなど数十人が株式を保有している会社です。

　Ａ氏は、会社の意思決定について毎回株主にお伺いを立てなけれ
ばならず苦労した経験から、後継者である息子のＢ氏へ会社を承継
するにあたり株式を集約し株主の整理を行おうと考えました。

　さっそくＢ氏の出資により乙社を設立し、株主に対して乙社で株
式を買い取る旨の手紙を送りました。

　顧問税理士が算定した税法上の適正額での買い取りのため、声を
かければみんなすぐに応じてくれると考えていましたが…

なぜ失敗？

　いざ手紙を送ってみると承諾の連絡をくれた株主は僅かに数人でした。
承諾していただけなかった株主に連絡をすると、「価格に納得できない」
という人や、「急に売ってくれと言って何か裏があるんじゃないか」と
いう人、そもそも連絡すらつかない株主もおり、買い取りの承諾がなか
なか得られません。

　結局、Ａ氏が所有していた株式を含め発行済株式総数の40％しか乙社
には集約することができませんでした。

56

Part1 事業承継

こうすれば、良かった

　分散した株式を集約する場合、兎にも角にもまず「話し合える関係（友好的な関係）があるうちに集約する」「株式集約の必要性をしっかりと説明し、誠意をもって対応する」ことが重要です。

　親族からの集約であれば、Ｂ氏が伯父（叔父）や伯母（叔母）に対して伝えるよりも、兄弟という関係性にあたるＡ氏から伝える方が心理的な距離が近く話しやすいでしょう。会社ＯＢからの集約であれば、一緒に働いたことがない後継者がお願いをするよりも、一緒に働いて苦楽を共にした当時の経営者がお願いをしたほうが買い取りに応じていただける可能性は高いと思います（もちろん例外はありますが）。

　また、人それぞれ株式に対する考え方は異なり、株主が多ければ多いほど株式の集約は難しくなるため、株主が増えすぎる前に対策を行うことも大切です。

　株主が相当数いることで議決権（株主としての意思決定権）が分散している場合、決議事項についてなかなか株主の承認が得られず会社の重要な意思決定に遅れが生じたり、そもそも決議に必要な出席者数が集まらないことで意思決定を断念しなければならないという状況に陥ることがあります。さらに、ある日突然株主から思いもよらない高額で株式の買い取りを求められ、会社や経営者に予想外の資金流出が発生する可能性もあります。

　そのため会社の株式はできる限り経営者（もしくは後継者）に集約しておくことが望ましいと考えられます。

第1編　失敗事例から学ぶ事業承継対策

17 自社株を動かすタイミングとは？（相続時精算課税制度）

事 例

　非上場会社甲社の創業社長A氏。

　甲社の業績は順調に推移しており、A氏が保有している自社株の評価額は年々上昇していました。

　ある時、贈与財産が2,500万円まで無税、2,500万円を越える部分は一律20%の贈与税を納めれば良いという「相続時精算課税制度」を知りました。後継者の負担が比較的少なくて済むと知ったA氏は、期末に退職を迎える前に、本制度を使って長男B氏にあわてて全株式を贈与しました。

なぜ失敗？

　15年後、A氏に相続が発生しました。

　15年前に「相続時精算課税制度」により贈与した自社株がA氏の相続財産に上乗せされた結果、遺産総額は想定していたよりも高額になり、長男のB氏に約50%の相続税が課せられることになりました…。

　評価額が高い時に本制度を適用して自社株を贈与すると、相続時の納税に苦慮する可能性があります。経営交代のタイミングだからというだけでなく、A氏へ退職金を支給した後の株価等も予想した上で、贈与の実行時期を決めるべきでした。

58

Part1　事業承継

> ### こうすれば、良かった

　「相続時精算課税制度」を適用すれば目先の贈与税は抑えられます。ただし、この贈与税は「相続税の前払い」で、贈与者の相続発生時には相続税がかかります。そのため、制度を適用する場合には、将来の相続税が払えるかどうかまで検証しておくことが大切です（P62「参考」参照）。

　非上場株式は、その相続税評価額が変動しやすい財産です。重い税負担が見込まれる場合、株価が低いタイミングで後継者に贈与をすると有効です。

　事例では、A氏に退職金を支給して甲社の利益が下がり、翌事業年度の株価が低くなったところで「相続時精算課税制度」により贈与をしたほうが、全体的な税負担を減らすことができたでしょう。

　甲社の株価は退職金の支給により一時的に低くなっただけですから、将来再び株価は回復する可能性が高くなります。株価が回復した後に相続が発生したとしても贈与時点の低い株価が相続財産に加算されるため、結果的に後継者に課せられる相続税は抑えられました。

　事例では、退職金の支給等が株価にどう影響を及ぼすか検証をしていませんでした。「相続時精算課税制度」は贈与するときの税負担が少ない点に目が行きがちですが、将来の相続税負担まで少なくなる制度ではありません。制度を適用する際は、贈与税と相続税トータルでの税負担を考えるとともに、将来の株価予測をした上で贈与の実行時期を検討しましょう。

第1編　失敗事例から学ぶ事業承継対策

18 娘の配偶者が後継者！

事例

　A氏は社員100名程の未上場会社甲社の創業者として長年に渡り建設業を営んでいました。A氏には一人娘のB氏がいます。そのB氏の婿であるC氏は甲社で20年以上働いています。

　この度、A氏は高齢を理由に娘婿のC氏に甲社の社長の地位を譲り自身は甲社を勇退しました。

　その後A氏は保有する甲社株式を、後継者であるC氏に贈与しようとしましたが、贈与税が多額になってしまうため、B氏であれば相続時精算課税制度を利用して贈与税がおさえられることを本で知り、甲社の全株式をB氏に贈与することに致しました。

　それから数年経ち、価値観の不一致を理由にB氏とC氏は離婚してしまいました。

　A氏は、将来、経営者であるC氏と大株主であるB氏が将来揉める可能性があるのではないかと心配しています。

なぜ失敗？

　A氏は贈与時においてB氏とC氏が甲社の株式を今後家族として一緒に保有し、甲社の経営はC氏が担っていくことに何の心配もしていませんでした。そのため、自社株の承継を後継者であるC氏ではなく、B氏に移転したとしても今後夫婦で協力して経営していくのであるから特段

Part1　事業承継

問題ないものと考えました。

　ただし、その後Ｂ氏とＣ氏の離婚というＡ氏にとって想定外の出来事により、これまでの事業承継プランは水の泡となりました。

こうすれば、良かった

　会社の所有者はあくまで株主であり、社長はその株主に雇われているだけにすぎません。そのため、会社の所有と経営を分離することは特段問題ないのですが、中小企業の場合所有と経営は一致している方がうまくいくケースが多いです。したがって、後継者である娘婿Ｃ氏に甲社株式を直接持たせる方法も十分検討すべきであったものと考えます。例えば事業承継税制（Ｐ69「参考」参照）を適用してＣ氏に甲社株式を贈与する方法や、Ｃ氏が設立した持株会社に甲社株式を集約する方法などが挙げられます。

　ただし、Ａ氏の家族（Ｂ氏）にとっては非上場株式の財産的な価値も考えなければなりません。「贈与」という「財産を無償で渡す行為」をすることが、Ｂ氏個人にとって本当に問題がないのか、ちゃんと考えておく必要があります。この場合、事業承継税制等の贈与で渡すことは慎重に検討すべきです。

　経営にとってどういう株主構成であれば会社がうまくいくのかを事前にしっかりと考えた上、様々な事業承継プランの中からご自身にあったプランを選択することで後々後悔しない事業承継を行うことができるものと考えます。

第1編　失敗事例から学ぶ事業承継対策

参　考　相続時精算課税制度

　平成15年度税制改正で「相続時精算課税制度」が創設されました。贈与といえば、暦年課税制度（年110万円の控除）が良く知られていますが、本制度は自社株承継の手法として活用される場面も多いようです。ただし、内容を正しく理解した上で適切に利用することが重要です。

「相続時精算課税制度」を利用するためには

① 　対象者

・贈与者は60歳以上の父母または祖父母、受贈者は贈与者の子や孫など（直系卑属）で20歳以上（注）の者に限られます（いずれの年齢も贈与年の1月1日時点で判定）。

　注　令和4年（2022年）4月1日以後の贈与は18歳以上

・贈与者の養子となった者は、養子縁組をした日以後の贈与が本制度の対象となります。また、本制度を選択した者は贈与者との養子縁組を解消しても、引き続き本制度の適用を受けます。

② 　手続

・本制度を選択しようとする受贈者は、贈与の翌年2月1日から3月15日までの間に、納税地の所轄税務署長に「相続時精算課税選択届出書」を贈与税申告書に添付して提出する必要があります。

・本制度は、受贈者は贈与者ごとに選択することができます。ただし、選択するとその贈与者からの贈与には本制度が継続して適用され、撤回することはできません。

Part1　事業承継

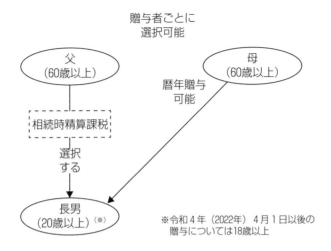

「相続時精算課税制度」適用時における課税のしくみ

① 贈与時

　本制度を選択した贈与者ごとに、2,500万円までの特別控除があります。届出書を提出した対象年以後の贈与財産の累計額がこれを超えた場合、その超えた部分について一律20％の贈与税が課せられます。

　本制度を選択していない父母や祖父母からの贈与については、暦年課税の贈与税が課せられます。

② 贈与者に相続が発生した時

　過去に「相続時精算課税制度」を選択して贈与された財産は全て相続財産に含めて相続税が計算されます。このときの財産の価額は「贈与時の評価額」です。例えば、株価の低い時に贈与された自社株は、相続時までに株価が上昇したとしても、贈与時の低い株価で相続税が課せられるということです。贈与後に株価が下落したとしても、贈与時の高い株価で相続税が課税されます。

また、贈与時に支払った贈与税は、相続税から差し引かれます（贈与税の方が相続税より多く、差し引けない場合は還付されます）。

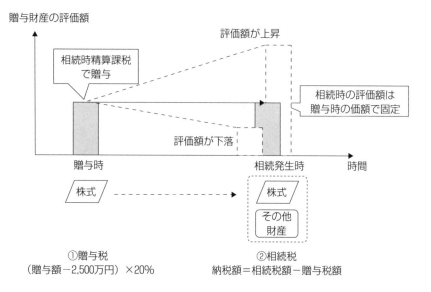

暦年課税贈与との比較

　相続時精算課税制度では、値上がりが見込まれる多額の財産（自社株など）を早めに低い税率で贈与できることが大きなメリットの１つです。贈与した財産は相続時に改めて相続財産として課税の対象となります。

　一方、財産が比較的少額で価額の変動が少ない（あるいは、ない）場合は、暦年課税贈与を何年かかけて利用することにより少額の税負担で財産の移転を完了させる方が有効な場合もあります。

　贈与する財産の性質によって、暦年課税などの他の制度と使い分けていくことが必要です。

Part1 事業承継

第1編　失敗事例から学ぶ事業承継対策

19　自社株をタダで承継できる？（事業承継税制）

事　例

　中小企業者で非上場会社甲社のオーナー経営者Ａ氏は事業承継税制（贈与税・相続税の納税猶予制度）の特例措置を使い、自社株を後継者である長男に贈与しました。Ａ氏の財産の一番大きなウエートを占める自社株をタダで承継でき、相続税もかからないので納税資金の心配もなくなりました。また自社株以外の財産は甲社の経営にタッチしていない長女にと遺言書も残していました。

なぜ失敗？

　Ａ氏に相続が発生し、自社株を相続した長男は相続税の事業承継税制に切り替えて相続税が猶予されましたが、長女には多額の相続税がかかりました。長女は「長男は相続税がかからない（猶予される）のに、どうして自分だけこんなに相続税を払うのか」と不満いっぱいです。

　自社株は事業承継税制を使えば贈与税も相続税も猶予されます。Ａ氏は自社株の株価を気にせず、株価が高いときに長男に贈与していました。事業承継税制を使って自社株を贈与した場合、贈与時の株価を基に相続税を計算します。相続税は事業承継税制を使っても自社株の評価額を含めた財産額を基に計算するため、財産が多ければ多いほど（評価額が高ければ高いほど）相続税が高くなります。Ａ氏は自社株以外の財産にかかる相続税について考えていませんでした。

66

Part1　事業承継

> ## こうすれば、良かった

　自社株の株価が低いときを選んで事業承継税制を使っていれば長女の不満も抑えられたはずです。

　例えば自社株の株価が5億円のときと1億円のときで比較してみます。事業承継税制を使って贈与した場合、相続税を計算するときの株価は、贈与時の株価を使います。つまり5億円で贈与したものは、相続税も5億円を基に計算するのです。

　長男の自社株にかかる相続税は、特例措置の場合株価に係わらず全額猶予されます。一方長女は同じ1億円の金融資産を相続した場合でも、納税額は株価が5億円のときは相続税3,285万円、1億円のときは相続税1,607万円と大きく変わります（表参照）。

　事業承継税制を使うと自社株にかかる贈与税、相続税は猶予されるので、事業承継税制を使いさえすれば相続対策は終わりと考えるオーナー経営者が多いようです。しかし実際には自社株以外の財産にかかる相続税が高いままになっていないか確認することが重要です。

　事業承継税制を利用しても自社株の株価は相続税の総額に影響するため、経営交代の要素に加えて株価がどのように変動するかを見極めて移転時期を決めるといいでしょう。

第1編　失敗事例から学ぶ事業承継対策

【自社株の株価が5億円の場合】

	長男	長女	合計
自社株	5億円		5億円
金融資産		1億円	1億円
財産合計額	5億円	1億円	6億円
相続税額	1億6,425万円	3,285万円	1億9,710万円
納税猶予額	▲1億6,425万円		▲1億6,425万円
納税額	0	3,285万円	3,285万円

【自社株の株価が1億円の場合】

	長男	長女	合計
自社株	1億円		1億円
金融資産		1億円	1億円
財産合計額	1億円	1億円	2億円
相続税額	1,670万円	1,670万円	3,340万円
納税猶予額	▲1,670万円		▲1,670万円
納税額	0	1,670万円	1,670万円

Part1　事業承継

参　考　事業承継税制

事業承継税制とは

　事業承継税制（中小企業者の「非上場株式等についての相続税及び贈与税の納税猶予及び免除」）とは、後継者が先代経営者から贈与または相続により自社株を承継する際にかかる贈与税・相続税の納税を猶予する制度です。

　中小企業のオーナーにとって、換金性の低い自社株に対して多額の税金が課されることは事業の継続にも影響を与えます。このような負担を減らして円滑な事業承継ができるようにするために設けられたのが事業承継税制です。

　事業承継税制の適用の流れを図示すると以下の通りです。

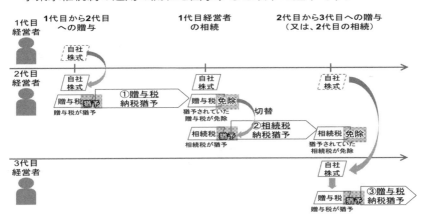

　ここでは、事業承継税制の次の事項について記載しています。事業承継税制の適用にあたっては制度を十分に理解し、自社にとって有効であるかどうかを十分に検討することが大切です。

第1編　失敗事例から学ぶ事業承継対策

1．一般措置と特例措置の比較

2．適用要件

3．適用を受けるためおよび受けた後の手続き

4．猶予額の計算

5．猶予された税額を納めなければならないとき

6．事業承継税制の留意点

1　一般措置と特例措置の比較

　事業承継税制は一般措置と特例措置に分けられます。一般措置は平成21年度税制改正により創設され、それから改正を重ねましたが、あまり利用が進みませんでした。そこで平成30年（2018年）から令和9年（2027年）までの10年間の期間限定で創設されたのが特例措置です。

　一般措置から特例措置への主な変更点は以下の通りです。

①　対象を発行済議決権株式数の2／3から全株式に

②　相続税の猶予額を80％から100％に

③　雇用確保要件（80％確保）を満たさなくても一定の手続きを条件に納税猶予を継続可能に

④　経営環境の変化により事業継続が困難で自社株を譲渡等した場合に猶予額のうち一定金額を免除

Part1　事業承継

【特例措置と一般措置の比較】

	特例措置	一般措置
事前の計画策定等	特例承継計画の提出 （平成30年（2018年）4月1日から令和5年（2023年）3月31日まで）	不要
適用期限	平成30年（2018年）1月1日から令和9年（2027年）12月31日まで	なし
対象株数	全株式	総株式数の最大3分の2まで
納税猶予割合	100%	贈与：100% 相続：80%
承継パターン	複数の株主から最大3人の後継者	複数の株主から1人の後継者
雇用確保要件	要件を満たさなくても一定の手続きを条件に猶予を継続	承継後5年間平均8割の雇用維持が必要
事業の継続が困難な事由が生じた場合の免除	あり 経営承継期間（5年）経過後で、経営環境の変化により事業継続が困難で自社株を譲渡等した場合	なし
相続精算課税の適用	60歳以上の者から20歳（注）以上の者への贈与	60歳以上の者から20歳（注）以上の推定相続人・孫への贈与

注　令和4年（2022年）4月1日以後の贈与については18歳以上

出所：国税庁「非上場株式等についての贈与税・相続税の納税猶予・免除（事業承継税制）のあらまし」を基に作成

2　適用要件

(1)　適用要件

　事業承継税制の適用要件は大きく「会社の要件」「先代経営者の要件」「後継者の要件」に分けられます。主な内容は以下の通りです。

第1編　失敗事例から学ぶ事業承継対策

① 会社の主な要件

　・　中小企業者であること（下図参照）

【中小企業者の定義】

業種		資本金	従業員数	
製造業・建設業・運輸業その他		3億円以下	または	300人以下
	ゴム製品製造業	3億円以下		900人以下
卸売業		1億円以下		100人以下
小売業		5,000万円以下		50人以下
サービス業		5,000万円以下		100人以下
	ソフトウエア・情報処理サービス業	3億円以下		300人以下
	旅館業	5,000万円以下		200人以下

　・　上場会社でないこと

　・　風俗営業会社でないこと（カフェー、バー、パチンコ、ゲームセンターなどを営む会社を除く）

　・　資産管理会社でないこと（一定要件を満たす場合を除く）(2)参照

　・　常時使用する従業員が1人以上いること

② 先代経営者の主な要件

　・　会社の代表者であったこと

　・　本人と同族関係者で総議決権数の50%超を保有していたこと

　・　同族関係者の中で筆頭株主であったこと（後継者を除く）

③ 後継者の主な要件

　・　会社の代表者（相続の場合は相続後5ヶ月以内に就任）であること

　・　会社の役員であること（贈与の場合は就任から3年以上経過）

Part1　事業承継

- ・　（贈与の場合）20歳以上であること（注）
- ・　本人と同族関係者で総議決権数の50%超を保有していること
- ・　同族関係者のなかで筆頭株主であること（後継者１人の場合）

　　注　令和４年（2022年）４月１日以後は18歳以上

(2)　**資産保有型会社・資産運用型会社とは**

　事業承継税制の適用要件に「資産管理会社（資産保有型会社・資産運用型会社）に該当しないこと」というものがあります。具体的には特定資産（注）の保有割合が総資産（帳簿価額）の70%以上である会社を資産保有型会社、特定資産からの運用収入（注）割合が総収入金額の75%以上である会社を資産運用型会社といいます。

注　特定資産とは有価証券や自ら使用していない不動産（遊休不動産・賃貸用不動産など）、ゴルフ会員権、書画骨董、現預金、同族関係者に対する貸付金などをいいます。なお資産保有型会社・資産運用型会社に該当しない子会社株式は特定資産に含まれません。

　また特定資産からの運用収入とは、特定資産からの配当金、利息、家賃、特定資産の譲渡にかかる収入などをいいます。

　ただし以下の事業実態要件をすべて満たす場合には、資産保有型会社・資産運用型会社に該当しても事業承継税制を適用できます。

- ①　３年以上継続して商品販売、不動産賃貸、サービス等の事業を行っていること
- ②　常時使用する従業員が５人以上いること
- ③　事務所・店舗・工場等を所有または賃借していること

第1編　失敗事例から学ぶ事業承継対策

3　事業承継税制の適用を受けるためおよび受けた後の手続き

事業承継税制の適用にかかる手続きは以下の通りです。

① 特例承継計画を都道府県に提出（特例措置の場合）
② 都道府県に事業承継税制にかかる認定申請書を提出
③ 税務署に申告
④ 認定を受けたあと5年間は毎年年次報告書を都道府県に、継続届出書を税務署に提出
⑤ 5年経過後は3年ごとに継続届出書を税務署に提出

なお事業承継税制の適用を受けるためには担保を提供する必要がありますが、その適用を受けた自社株を担保とすることができます。

【贈与税の特例措置を利用した場合の手続き】

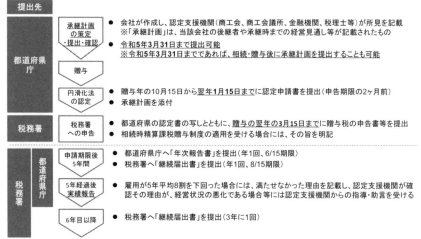

出所：中小企業庁「平成30年度事業承継税制の改正の概要」、国税庁「非上場株式等についての贈与税・相続税の納税猶予・免除のあらまし」を基に作成

<u>Part1　事業承継</u>

4　猶予税の計算

　事業承継税制により贈与を受けた自社株にかかる贈与税は全額猶予されます。相続税は一般措置においてはその80％が、特例措置においてはその全額が猶予されます。

【例】

・　先代経営者（被相続人）は発行済株式の全株を保有、自社株以外に財産なし

・相続人は後継者１人で、評価額３億円の全株を相続により取得

【一般措置と特例措置の猶予額の違い】

		通常の相続	事業承継税制 （一般措置）	事業承継税制 （特例措置）
①	財産額	３億円	３億円	３意円
②	相続税額	（※１）9,180万円	（※１）9,180万円	（※１）9,180万円
③	猶予額	０円	（※２）4,820万円	9,180万円
④	納付税額 （②－③）	9,180万円	4,360万円	０円

※１　相続税額の計算

　　（３億円－3,600万円（基礎控除））×45％－2,700万円＝9,180万円

※２　一般措置の猶予額の計算

　　㋐（３億円×2/3－3,600万円（基礎控除））×40％－1,700万円＝4,860万円

　　㋑（３億円×2/3×20％－3,600万円（基礎控除））×10％＝40万円

　　㋒㋐4,860万円－㋑40万円＝4,820万円

注　一般措置においては発行済株式数の2/3までが事業承継税制の対象

第1編　失敗事例から学ぶ事業承継対策

　相続人が複数人の場合、遺産分割方法によって猶予額が変わります。

　後継者が事業承継税制の適用を受ける自社株式以外の財産を多く取得すると猶予額が少なくなります。例えば自社株が5億円、それ以外の財産が5億円であったとして、後継者が自社株のみを取得した場合と自社株以外に2億円取得した場合を比較すると猶予額が約1,300万円変わります。これは猶予額の計算方法が、後継者が事業承継税制の適用を受ける自社株のみを取得したものとして計算するためです。

【後継者が自社株のみ取得した場合】

	長男	長女	合計
自社株	5億円		5億円
金融資産		5億円	5億円
財産合計額	5億円	5億円	10億円
相続税額	1億9,750万円	1億9,750万円	3億9,500万円
納税猶予額	▲1億9,750万円		▲1億9,750万円
納税額	0円	1億9,750万円	1億9,750万円

【後継者が自社株以外の財産を2億円取得した場合】

	長男	長女	合計
自社株	5億円		5億円
金融資産	2億円	3億円	5億円
財産合計額	7億円	3億円	10億円
相続税額	2億7,650万円	1億1,850万円	3億9,500万円
納税猶予額	▲1億8,437万円		▲1億8,437万円
納税額	9,213万円	1億1,850万円	2億1,063万円

　※　自社株5億円と金融資産3億円の計8億円を基に計算した場合の自社株にかかる相続税額が1億8,437万円になり、その金額が猶予額となります。

Part1　事業承継

　事業承継税制の適用に当たっては分割方法のほか、遺留分や自社株以外の財産にかかる相続税についても検討が必要になります（P66「事例」参照）。

　事業承継税制の適用を受ける会社が支配している外国子会社等の株式、医療法人の出資持分を持っている場合、その株式および出資持分を持っていなかったものとした株価により猶予額を計算します。

　また事業実態要件を満たすことにより事業承継税制の適用を受けた資産保有型会社・資産運用型会社が上場株式の発行済株式総数の3％以上を持っている場合には、その上場株式を持っていなかったものとした株価により猶予額を計算します。

　なお外国子会社等の株式を持っている場合には、贈与税から相続税の事業承継税制に切り替える際に、相続時の現況に応じて猶予額を再計算します。そのため贈与時は全額猶予されていた場合でも相続時には一部猶予されない可能性もあり留意が必要です。

第1編　失敗事例から学ぶ事業承継対策

5　猶予された税額を納めなければならないとき

　事業承継税制の適用を受けるためには様々な要件がありますが、適用を受けた後においても満たすべき要件があります。要件を満たさなくなると猶予されていた税額を利子税とともに納付しなければなりません。

　適用後も満たすべき要件は大きく①5年内（承継期間内）のみの要件と②適用期間中ずっと満たすべきものに区分されます。納税猶予が取り消される主な理由は以下のとおりです。

① 　5年以内（事業承継期間内）

・　後継者が代表権を有しなくなった場合

・　後継者および同族関係者の有する議決権数が50%以下となった場合

・　後継者が同族関係者内で筆頭株主でなくなった場合

・　会社が上場した場合

・　常時使用する従業員数が5年平均で8割を下回った場合

　　※　特例措置では一定の手続きを条件に猶予継続

② 　適用期間中（5年内も5年経過後も）

・　後継者が株式を売却等した場合

　　※　5年内においては一部を売却等した場合にも全額猶予が取消。5年経過後においては、その売却等した部分のみ猶予取消

・　総収入金額がゼロとなった場合

・　資産保有型会社・資産運用型会社に該当した場合

　　※　事業実態要件を満たす場合は猶予継続。またやむを得ない理由により該当してしまった場合、その後6ヶ月以内に該当しなくなれば猶予継続

Part1　事業承継

- ・　資本金または準備金の減少をした場合
- ・　継続届出書の提出を失念した場合
- ・　一定の組織再編をした場合

　つまり5年（承継期間）経過後であれば、後継者は代表者でなくなっても、会社が上場したとしても猶予が継続することになります。

贈与から相続の事業承継税制に切り替える場合は要件の再確認を

　贈与から相続の事業承継税制に切り替える場合には、5年経過後であっても改めて次のような要件を満たす必要があります。

- ・　代表権を有していること
- ・　筆頭株主であること
- ・　後継者および同族関係者で議決権数が50％超であること

企業活動に制限も

　増資はできても減資はできなかったり、組織再編については猶予が継続するものとしないものがあったりしますので、適用後には企業活動に一定の制限を受けることを認識する必要があります。

猶予が取り消されると利子税とともに猶予額を納付

　納税猶予が取り消された場合には猶予されていた税金を利子税と合わせて納付しなければなりません。なお5年経過後であれば当初5年間の利子税は免除されます。

　5年経過後に譲渡した場合で「譲渡額または譲渡時の時価＜猶予額」のときは猶予額との差額が免除されます。特例措置においては、5年経過後に会社を譲渡、合併、解散等した場合にはその時点の株式価値で税額を再計算して、もともとの猶予額との差額が免除されます。

第1編　失敗事例から学ぶ事業承継対策

6　事業承継税制の留意点

　事業承継税制は一度適用を受けると次の代も引き続き適用を受けることを前提とした制度です。

　次世代への贈与につき事業承継税制の適用を受けると贈与税は全額猶予されるため、株価を考慮せずに移転してしまうケースも見受けられます。あくまで猶予なので、猶予が取り消された場合の利子税を含めた納税のリスクに備えて株価が低いときに移転した方がリスクを抑えることができます。

　贈与の事業承継税制の適用を受けた自社株は、先代の相続時に相続により取得したものとみなして、相続税の対象となります。その際の株価は、贈与時の株価であり相続時の株価ではありません。相続税は累進課税ですので財産が多ければ多いほどその税率は高くなります。相続税の事業承継税制に切り替えれば自社株にかかる相続税は猶予されますが、自社株が高いと、自社株以外にかかる相続税は高いままです。自社株以外にかかる相続税や後継者以外の相続人のことも考えて移転時期を検討する必要があります。

　海外進出している、これから進出する会社については海外子会社の評価が猶予額に与える影響を理解しなければなりません。

　先代経営者以外の株主からの贈与相続についても事業承継税制の適用を受けることが可能です。その株主にとって事業承継税制の適用を受ける後継者が相続人でない場合でも、その株主の相続人とともに相続税の申告書を提出することになります。

　事業承継税制の適用にあたっては制度を十分に理解し、専門家を交えて検討することが大切です。

Part1　事業承継

第1編　失敗事例から学ぶ事業承継対策

20　相続対策は一般社団に移しておしまい？

事 例

　学習塾甲社を創業し、発展させてきた社長のA氏（60歳）は、自社株に係る相続税が気になりました。知人に相談したところ「世の中に社団法人とか、財団法人とかいっぱいあるでしょ？あれ相続対策でやっているんだよ。」とアドバイスを受けました。

　A氏はさっそく一般社団法人を設立し、理事の大半を自身の家族で固め、保有していた自社株をすべてその一般社団法人に移しました。「相続税もかからず甲社の経営権も安泰、しかも一般社団法人に入る甲社からの配当金も家族の思うまま。」という構想でした。

　数年後、顧問税理士から「税制改正があり今のままではA氏に相続が発生すると一般社団法人に税金がかかります。そうならないようにするためには、一般社団法人の理事の過半数を親族以外にしなければなりません。」と言われ、知人から紹介してもらった人たちを急いで理事にしました。ところが、これらの理事たちは一般社団法人の運営を自分達できちんと行い、甲社の経営にも株主として意見を言いはじめ、多額の配当も要求するようになりました。

なぜ失敗？

　一般社団法人の運営について、A氏と新しい理事たちの考え方の違いがこのような結果を招きましたが、A氏が目先の相続税対策を優先する

Part1　事業承継

あまり社団法人のガバナンスの重要性を見落としたことが甲社の経営権まで脅かされるようになった原因といえます。

こうすれば、良かった

　相続税対策は、税制改正により前提から考え直さなければならなくなることも起こりえます。この時に慌てて対策を打つのではなく、何を優先すべきかをきちんと理解して対策を実行すべきでした。

　今回の事例では同族で支配する一般社団法人の理事に相続が発生するとその一般社団法人に相続税が課される、という改正がありましたが、理事が亡くなるまでの間に時間をかけて対策を検討すればよかったのです。

　A氏の目的は、相続税を払わない事ではなく学習塾甲社の事業承継にあったはずです。その目的であれば、甲社の株主である一般社団法人の理事は見ず知らずの人ではなく、自分が信頼できる人にするか、相続税を払う事を覚悟してそのままにすべきでした。

　対策が終わったと思い安心した後に税制の改正があると慌ててしまいますが、そんな時こそいつまでに何を判断しなければならないか冷静に検討することが重要です。

第1編　失敗事例から学ぶ事業承継対策

参　考　一般社団法人等に対する相続税の課税

1．制度の趣旨

　一般社団法人等（注1）には株式会社のような所有（持分）の概念がありません。そのため、個人とは切り離され、一般社団法人等に関して原則相続税は課されません。そのため個人財産を一般社団法人等に移転し、その理事を同族関係者で固めれば、個人財産を実質的に保有しながら相続税を回避することができました。

　平成30年度（2018年度）税制改正で特定の一般社団法人等の理事が死亡した場合、その一般社団法人等自体に相続税を課税する制度が設けられました。

注1　一般社団法人又は一般財団法人（ここでは非営利型法人その他一定の法人を除く）

【制度のイメージ】

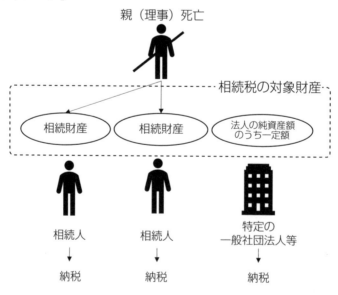

Part1 事業承継

2. 課税要件

次の(1)(2)いずれも満たす場合、相続税が課されます。

(1) 理事の死亡

現役の理事だけでなく理事退任後5年を経過していない人が死亡した場合も含みます。

(2) 対象となる一般社団法人等

一般社団法人等のうち、同族理事（注2）の人数が総理事の過半数を超える法人が対象です。「過半数を超える」とは、「相続開始直前」または「相続開始前5年以内のうち合計3年以上の期間」において過半数を超えることをいいます。

注2　一般社団法人等の理事のうち以下の者をいいます。
　　・被相続人
　　・被相続人の配偶者
　　・被相続人の3親等内の親族
　　・特殊の関係がある者（被相続人が役員である会社の従業員等）

3. 相続税の課税対象額

一般社団等が死亡した理事から遺贈により取得したものとみなされる金額（相続税の課税対象額）は、次の通りです。

　　相続税の課税対象額＝Ａ÷Ｂ

　　Ａ：相続開始時の一般社団法人等の純資産額（注3）

　　Ｂ：相続開始時の同族理事の数（被相続人を除く）＋1名

上記金額を他の相続財産に合算して相続税の総額が計算され、この金額に対応する相続税が一般社団法人等に課税されます。

注3　財産評価基本通達の定める財産の価額から債務を控除した金額

第1編　失敗事例から学ぶ事業承継対策

21 医業承継は気を付けることばかり？

事例

　病院を運営する医療法人甲会の創業理事長Ａ氏。理事長は出資持分の承継について「株式会社と同じように事業承継に関する色々な制度があるのだろうから、何とかなるだろう」と、特に対策を講じてきませんでした。そんなある日、突然の病気により理事長が急逝してしまいました。その後、後継者は高額な出資持分にかかる相続税の納税が困難となり利子税を払いながら分割して納税していく「延納」を選択し、現在も毎月納税を続けています。

なぜ失敗？

　仮にＡ氏が経営しているのが株式会社であれば、納税資金が不足しても①相続発生後の自社株買い②自社株の物納などにより納税できたかもしれません。

　しかし、医療法や医療法人に対する税制の制限により、この二つの制度は医療法人には適用できません。そのため後継者は出資持分にかかる相続税の納税に苦労する事になってしまいました。

　なお、医療法人では①の自社株買いに近い制度として出資持分の払戻しという制度があります。しかし払戻しする場合は出資持分の一部だけを払戻しすることは認められておらず、出資持分のすべてを払戻ししなければなりません。出資割合の大きい出資者が払戻しをすると、医療法

86

人から多額の財産が流出してしまい医療法人の運営が困難になる可能性があるため、現実的に払戻しは難しいでしょう。また、株式会社では相続により取得した株式を相続発生後3年10ヶ月以内に自社株買いをした場合、通常の自社株買いの税率（みなし配当課税として最大約50%）よりも低い税率（譲渡所得税等として税率20.315%）で株式を売却することができる特例がありますが、医療法人ではこの特例が適用されません。出資持分の払戻しは税率が常に高く（みなし配当課税として最大約50%）、手取り額が少ないという問題もあります。

こうすれば、良かった

　医療法人は相続が起きてしまってからできる納税資金対策があまりないので、生前に計画的に対策を講ずる必要があります。

　例えば、十分な退職金の支給、理事長を対象とした生命保険の活用、出資持分のない医療法人への移行などは検討しておく必要があったでしょう。

　ここでは、医業承継で気を付けるべき医療法人特有の論点を挙げます。

(1)　医療法の観点から気を付けるべき事

(ア)　出資持分の換金が難しい

　医療法人の出資持分を換金できる手段は①出資持分の払戻し、②解散時の残余財産の分配、③出資持分の売却（M&A）の3つです。親族内承継では①払戻しを検討する事になりますが、部分的な払戻しが認められておらず出資持分のすべてを払戻ししなければいけません。医療法人

は設備産業であるため、内部留保の多くが設備投資に回っていて現金として残っていないことが多いので、すべての出資持分を払い戻すことは運営上困難である場合が多いといえます。

(イ) **配当ができない医療法人は内部留保が膨らみやすい**

医療法により医療法人は配当が禁止されているため、獲得した税引後利益がそのまま内部留保として蓄積されています。その結果、相続発生時に出資持分の評価が思いがけず高額になっていることがあります。

(ウ) **出資持分の評価が下がるタイミングが限定的**

類似業種比準価額は、医療法人が大きな支出をしたり損失を計上したりする事により利益が一時的に低くなると、出資持分の評価が低くなるという計算構造になっています。医療法では本業にリスクを与えかねない事業外投資は原則として認められていませんので、医療事業（本業）での大きな支出のときのみ類似業種比準価額が下がることになります。例えば、理事退職金の支給や病院の建替、大規模な設備投資といった限定的なタイミングでしか出資持分の評価額は下がりません。

(2) **税制の観点から気を付けるべきこと**

(ア) **中小企業に認められている事業承継税制が使えない**

中小企業では後継者が非上場株式を承継した際、その株式にかかる贈与税・相続税を猶予してもらえる事業承継税制がありますが、医療法人ではこの税制は使えません。

(イ) **出資者全員が原則的評価方式となってしまう**

医療法人は配当が禁止されていることから配当還元価額（少数株主における特例的評価方式）が使えません。そのため同族ではない出資者で

Part1　事業承継

あっても原則的評価方式となり、出資持分の評価額が大きくなってしまいます。

(ウ)　出資持分は「物納」が出来ない

　医療法人の出資持分は市場で換金もできず、自己株式として法人に買い取ってもらうこともできないため、物納は認められていません。

第1編　失敗事例から学ぶ事業承継対策

22 出資持分のない医療法人への
移行が遅くなったために…

事例

　大学の先輩後輩であるＡ氏とＢ氏は出資持分50％ずつの医療法人甲を設立し、地域に根差した医療を提供してきました。金融機関から、「相続のこともあるので、出資持分のない医療法人へ移行したらどうですか？」と提案を受けていましたが、Ａ氏Ｂ氏共に仕事に忙しく、移行の検討は後回しにしていました。

　ある日、Ｂ氏が急逝してしまい、Ｂ氏の親族は高額な相続税の支払いのために出資持分の払戻請求権を行使することになりました。Ａ氏は、Ｂ氏と二人三脚で病院の経営を行ってきてようやく病院建物の建設資金の借入金の返済目途が立ったところだったのに、払戻のために多額の借り入れをすることになってしまいました。

なぜ失敗？

　病院経営が上手くいき、当初の設備投資に係る借入れの完済の目途が見えるころには、医療法人の出資持分の評価額も高くなっているのではないでしょうか。そのとき、Ａ氏Ｂ氏のどちらかが亡くなっても、相続税の納税資金の問題は発生します。今回Ｂ氏の出資持分を払い戻したことで、Ａ氏は自身の相続リスクをようやく認識し、甲社は出資持分のない医療法人へ移行することになりましたが、高額な借金は残ったままとなってしまいました。

Part1　事業承継

> ## こうすれば、良かった

　出資持分のない医療法人へ移行することにより、子どもが多額の相続税負担をしなければならなくなるリスクを回避することができます。

　一方、出資という財産価値のあるものを放棄しなければならないことはどうしても実行に二の足を踏んでしまいます。持分のない医療法人への移行には出資者全員の同意が必要であるため、複数の出資者がいる場合にはさらに難しいといえるでしょう。

　出資を放棄して、出資持分のない医療法人へ移行することは大きな決断であることは間違いありませんが、デメリットばかりではありません。医療法人の内部留保が払戻等の相続税問題にさらされることがなくなるため、既存病棟の建替や新規事業への投資などに当該内部留保をあてることが可能となり、結果として病院機能の向上や継続に寄与することになります。

　いずれにしても、突然にいざという時がきてしまったら、当事者は正確な理解と冷静な判断を行うことができなくなります。早めに出資持分の評価額がどのくらいで納税資金がどのくらい必要か、きちんと数値で把握しておくことが大切です。

第1編　失敗事例から学ぶ事業承継対策

コラム

医療法人の出資持分の評価方法

(1)　出資持分評価の概要

　医療法人の出資持分にかかる相続税評価額の計算は非上場会社株式に準じて類似業種比準価額方式と純資産価額方式及びその折衷方式により行われます。ただし医療法人は配当が禁止されているため配当還元価額はなく、それ以外にも非上場会社と計算方法が異なる点があります。

(2)　原則的評価方式

㋐　会社規模の判定

　非上場会社と同様です（P8「参考」参照）。会社規模判定における医療法人の業種は「小売・サービス業」となります。

　なお、㋑類似業種比準価額方式で用いる類似業種は「その他の産業」です。

㋑　類似業種比準価額方式

　類似業種比準価額の計算では、非上場会社の場合と異なり、配当の要素がありません。評価要素は利益と純資産しかないため、業績の良い医療法人の類似業種比準価額は高くなりやすい傾向にあります。

Part1　事業承継

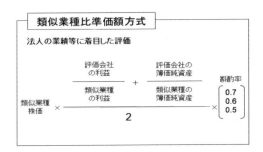

(ウ)　純資産価額方式

　純資産価額の計算方法は非上場会社株式の計算と同じです。医療法人は配当ができないため内部留保が積みあがりやすい傾向にあります。

(3)　特例的評価方式

　医療法人では配当が禁止されているため「特例的評価方式（配当還元価額）」がありません。

(4)　特定会社等の判定・評価方法

(ア)　比準要素数1の会社

　医療法人は類似業種比準価額を算定する際の「配当」の要素がありません。そのため、直前期末を基準にして「1株あたりの利益」又は「1株あたりの純資産」のそれぞれ金額のうちいずれかがゼロであり、かつ、直前々期末を基準にして、それぞれの金額を計算した場合にそれぞれの金額うちいずれか1つ以上がゼロであると、比準要素数1の会社となるため、非上場会社に比べ該当しやすいといえます。

(イ)　それ以外

　非上場会社と同様です。

第1編　失敗事例から学ぶ事業承継対策

コラム

出資持分のない医療法人へ移行する場合の留意点

(1)　医療法人の類型

　現行制度における医療法人の類型は以下の通りです。なお、現行制度では医療法人を新設する場合には「持分あり医療法人」の新設は認められず、「持分なし医療法人」のみが新設可能となっています。

持分	類型
あり	①　持分あり医療法人（出資額限度法人を含む）
なし	②　一般的な持分なし医療法人（基金搬出型医療法人を含む）
	③　社会医療法人
	④　特定医療法人
	⑤　社会・特定に準ずる公益性の高い医療法人
	⑥　認定医療法人※

※　認定後②へ移行した場合

(2)　出資持分のない医療法人へ移行した場合の課税関係

　出資持分のある医療法人から②一般的な持分のない医療法人へ移行した場合は、消滅した出資持分の相続税評価額に基づき医療法人を個人とみなして贈与税課税が生じます（相続税法66条4項）。

　③社会医療法人、④特定医療法人、⑤社会・特定に準ずる公益性の高い医療法人、⑥認定医療法人のいずれかの場合は移行時の贈与税課税がないこととされています。

94

Part1　事業承継

類型	移行時の課税	認定機関
②　一般的な持分なし医療法人	あり	－
③　社会医療法人	なし	都道府県知事
④　特定医療法人	なし	国税庁長官
⑤　社会・特定に準ずる公益性の高い医療法人	なし	なし
⑥　認定医療法人※	なし	厚生労働大臣

(3)　出資持分のない医療法人の概要と選択

　出資持分のない医療法人の類型を整理すると以下の通りです。

類型	優遇税制 （一般の医療法人と比較して）	事業規模要件	同族経営
②　一般的な持分なし医療法人	－	なし	可
③　社会医療法人	法人税非課税、固定資産税の減免措置（注）	あり	不可
④　特定医療法人	法人税の軽減税率の適用	あり	不可
⑤　社会・特定に準ずる公益性の高い医療法人	－	あり	不可
⑥　認定医療法人※	－	なし	可

注　医療保健業にかかる法人税非課税、救急医療等確保事業にかかる固定資産税の減免措置

　②一般的な持分なし医療法人へ移行した場合には医療法人に贈与税課税が生じるため、非課税移行を目指す場合はその他の類型の医療法人を検討することになります。③社会医療法人、④特定医療法人、⑤社会・特定に準ずる公益性の高い医療法人はいずれも同族経

営が認められていません。

　一方、近年制度化された⑥の認定医療法人では同族経営が可能となりました。これまで同族経営不可という要件が出資持分のない医療法人への移行が進まなかった要因の一つでしたので、同族での医業承継が可能であることは他と比べて大きなメリットがあるといえます。また事業規模要件が無いため、事業規模に関わらずすべての医療法人が制度利用を検討することができます。

　認定医療法人制度は厚生労働大臣の認定を受けて終わりではありません。本制度を活用して持分なし医療法人へ移行した後6年を経過するまでの間に認定医療法人の認定が取り消されてしまった場合は、医療法人に対して贈与税が課されてしまいます。認定期間中は厚生労働省による定期的な要件充足チェックだけでなく、税務署長が認定医療法人の取消をすべきと判断した場合は厚生労働大臣へ通知できるという制度もあります。認定後に取消処分を受け課税が生じてしまうことがないよう注意が必要です。

⑷　持分のない医療法人へ移行するための要件

　出資持分のない医療法人へ移行するためには、出資者全員による出資持分放棄の同意が必要となります。一人でも同意が取れない場合は出資持分のない医療法人に移行する事はできません。持分放棄の同意が取れない出資者に対しては、出資持分の払戻しや他の出資者による買い取りなどの対応が必要となり資金負担が生じます。

Part1　事業承継

第1編　失敗事例から学ぶ事業承継対策

23 公益事業を行うのは公益法人？

事　例

　上場会社甲社の創業オーナーであるＡ氏は、事業を引退後、学生へ奨学金を支給する公益事業を始める事にしました。Ａ氏は「公益事業を行う法人といえば公益財団だろう」と考え、設立した一般財団法人に公益認定を取得させ公益法人化させました。その公益財団法人の公益事業の活動財源として、Ａ氏が保有する上場株式を寄付しました。

その後甲社の業績は順調で、配当も寄付した時に比べ４倍になりました。公益財団法人の資金に余裕ができたと思ったのですが、事務局からは「資金を使い切らないといけない」と言われました。大慌てで追加の事業を考え、想定していなかった行政庁との交渉が必要になってしまいました。

なぜ失敗？

　Ａ氏は公益事業をやるなら公益財団法人だろうと思い、一般財団を公益法人化させましたが、その後の運営を十分に理解していませんでした。

　甲社の業績が好調で配当が増えることはいいことですが、公益財団法人が公益認定の基準である「収支相償」を満たすためには、公益事業の収入である配当金は公益事業で使い切る必要があります。この場合、奨学生を増やすか、他の公益事業を行うか、になるでしょう。Ａ氏は新た

98

Part1　事業承継

な公益事業を行おうとしたのですが、それには行政庁に新たな公益事業について公益性を認めてもらう必要があると言われ、当初想定していた以上に多くの手間がかかってしまいました。

こうすれば、良かった

　A氏の思いを実現するためには、一般財団法人も選択肢として検討してもよかったかもしれません。

　公益財団・社団法人の場合、収支相償基準（原則、年度ごとの公益事業の収入が公益事業の費用を超えてはならないという要件）があるため、事例のように収入規模が大きくなると、それに合わせて公益事業の規模を大きくする必要があります。しかし、認定当初の事業内容の追加や変更、事業の一部を廃止するときには、行政庁から認定（軽微なものは届出）を得なければなりません。

　一般財団法人や一般社団法人であれば、行政庁に対する事業計画や事業報告の提出義務も無いため、事業内容は制約を受けず公益事業を自由に行うことができます。もちろん「公益法人」というのは通常対外的な信頼度も高いので、それらも考慮して、公益事業を行う意義と運営体制など様々な面から検討するようにしましょう。

　なお、一般・公益問わず、これらの法人に財産を寄付する際の税制上の優遇措置として、寄付者である個人側で譲渡所得税の非課税（租税特別措置法40条）、受取り側ではみなし贈与税の非課税（相続税法66条4項）などがあります。これら税制優遇を受けるための要件は公益認定のそれとはまた異なるため、精査が必要です。

第１編　失敗事例から学ぶ事業承継対策

24 息子を後継者に、と思っていますが…

事 例

　Ａ氏は、地方の食品製造業の社長です。東京で暮らす息子に、会社を継ぐ意思があるか、尋ねたことがありましたが曖昧な回答しか返ってきませんでした。

　いつかは継ぐ気になるだろう、と思いながら社長を続けていましたが、70歳を過ぎたころに体調を崩し、その１年後、Ａ氏は急逝してしまいました。

　家族会議の結果、自社株は妻が相続しましたが、会社のことには一切関わっていなかったため、何も分かりません。息子も戻ってくるつもりはないようです。

　取引金融機関からは、「次の社長はどうなるのか」、「個人保証の切り替えをしたい」などと言われており、会社の役員たちは困ってしまいました。

なぜ失敗？

　ご自身に万一のことが起こった場合を想定し、後継者について真剣に向き合わなかったことが本ケースの失敗要因です。

　経営者リスクは会社の趨勢を決めるほど重要なことですが、ご自身の承継については後回しにしているオーナーが多いように思います。

　事業承継は早めに取り組むべきですが、後継者を「誰に」するかを決

Part2　M&A

めなければ、具体的な検討が出来ません。息子が継いでくれるだろう、と楽観的に考えていてはダメなのです。

こうすれば、良かった

　自身の子供や親族の中に"明確な"後継者候補がいない場合は、外部の第三者への承継（M&A）の可能性も検討するべきです。

　事業承継は重要な経営課題の一つです。後継者は「親族」「役員・従業員（MBO・EBO）」「外部の第三者（M&A）」の３つに大別されます。

　ご自身が、守り、育ててきた会社を子供に継がせたいのは親心として当然かと思います。しかし、いつまでも結論が出ないままに放置すると、後々残された家族や会社関係者が困ってしまいます。

　M&Aは、事業承継を解決するのみならず、次の表のように様々なメリットがあります。たとえ後継者候補がいたとしても、比較検討しておくことには意味があるでしょう。

【M&Aのメリット】

1．事業の承継	後継者が不在であっても、従業員の雇用、取引先との取引継続など、事業の承継が行えます。
2．創業家利益の実現	株式を外部に売却することにより、創業者、創業家としての利益を実現できます。
3．企業基盤の強化	相手企業の資金、事業上のリソースを活用し、より安定かつ、スピーディな成長が図れます。
4．取捨選択	自身や家族の手元に残したい資産や事業を選択し、残さなくて良い資産や事業を換金することができます。
5．会社と家族の分離	個人保証の解除ができ、一蓮托生となっていた会社と家族を分けることができます。

第1編　失敗事例から学ぶ事業承継対策

> **コラム**
>
> ## 親族内承継・役員承継・M＆Aの比較
>
> 事業承継先は、①親族内承継、②役員（従業員）への承継、③外部の第三者への承継（M＆A）の３つに大別することが出来ます。
>
>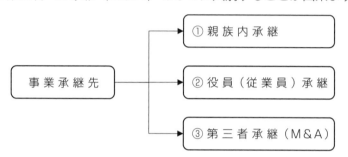
>
> 事業承継は経営者の最も重要な経営判断の一つであるため、承継先を検討するにあたっては、どれか一つに決めて進めるのでなく、それぞれの特徴を把握した上で、全ての可能性を検討すべきです。
>
> それぞれのメリット・デメリットは以下の通りです。
>
> ① **親族内承継**
>
> 〈メリット〉
>
> ・社内/社外の関係者から受け入れられやすい
>
> ・後継者を早期に決定し、長期の準備期間を確保できる
>
> ・所有と経営が一体となり、機動的な経営を行いやすい
>
> 〈デメリット〉
>
> ・後継者となる親族に、経営能力と意欲があるとは限らない
>
> ・相続人が複数いる場合、揉める可能性が高い

Part2　M&A

・会社の盛衰と、家の盛衰が一致してしまう（一蓮托生）

②　役員（従業員）承継

〈メリット〉

・経営者として能力のある人材を見極めて承継することが出来る

・会社の経営方針や業務内容に精通しており、引継ぎがしやすい

・引継ぎ後も経営方針の一貫性を保ちやすい

〈デメリット〉

・役員としては有能でも、経営トップとして有能とは限らない

・株の取得資金や、個人保証がハードルになることが多い

・次の承継までの期間が短く、次の後継者問題が生じやすい

③　第三者への承継（M＆A）

〈メリット〉

・承継先を広く求めることが出来る

・相手の資金やリソースを活用し、大きな発展や安定化が望める

・創業者、創業家としての利益を獲得できる

〈デメリット〉

・希望条件に見合う相手がいない可能性がある

・企業風土が異なる場合、既存従業員の退職リスクがある

・取引先の反発による契約打ち切りなどのリスクがある

第1編　失敗事例から学ぶ事業承継対策

25　息子に任せたものの会社がボロボロに…①

事　例

　A氏は金属加工業を営む非上場会社の創業社長です。

　事業承継を考え10年前に息子を会社に呼び戻した後、70歳を迎えた昨年、息子を社長にしA氏は相談役として経営からは退きました。

　相談役になってからは、A氏は会社が自立できるようにと意識的に会社と距離を置いてきましたが、最近業務の中心となる30、40代の優秀な人材の退職が続き、業績も悪化傾向です。

　古参の幹部に聞いたところ、息子は業界の知見も少ないのにプライドだけは高く「悪いのは従業員のせい」という態度のため、従業員の間では不満が広がっているとのことでした。

なぜ失敗？

　後継者である息子の「経営者としての資質」に問題があり、それを見抜けなかったことがA氏の失敗です。

　経営者の要件としては様々挙げられますが、経営学の重鎮ピーター・ドラッカーは、組織のマネージャーには「真摯さ」が不可欠であるとし、ふさわしくない者として以下を挙げています。

　　・強みよりも弱みに目を向ける者

　　・何が正しいかよりも、誰が正しいかに関心をもつ者

　　・真摯さよりも頭のよさを重視する者

Part2　M&A

・部下に脅威を感じる者

・自らの仕事に高い基準を設定しない者

出典

【エッセンシャル版】マネジメント基本と原則　Ｐ・Ｆ・ドラッカー著ダイヤモンド社2001年12月13日

　事業承継は、単なる株式の問題ではありません。適切な後継者・承継相手を選び、軌道に乗せるまでが、経営者としての最後であり、最も重要な仕事です。

こうすれば、良かった

　息子が継いでくれることは嬉しいことですが、経営者としてふさわしいか、冷静な目で見極める必要があります。

　親の前では従順な態度をとる一方、他人に対しては違う態度をとっている、というのはありがちな例ですので、直接確かめるだけでなく、社内での評判を聞くのも有効です。

　親族や社内など、身近な人物に該当者がいない場合は、外部の第三者を承継先として選ぶという方法（M&A）も主流になりつつあります。

　Ａ氏の場合も、「息子が後継者で本当に良いのか？」という視点に立ち、選択肢として役員への承継や、外部の第三者への承継（M&A）を早い時期から検討しておくべきであったと考えられます。

第1編　失敗事例から学ぶ事業承継対策

26 息子に任せたものの会社がボロボロに…②

事 例

　A氏は、地方のリサイクルショップの3代目社長です。

　早くから息子を後継者と考えており、大手企業で修業をさせた後自社の様々なポジションを経験させ、長い期間をかけて承継に向けて準備をしてきました。

　息子が社長に就任した後は、これまでの経営方針を引き継ぎ従業員にもすんなり受け入れられたため承継はうまくいったように思えました。

　しかしその後の会社は、フリマアプリやEC事業の台頭により利用者を奪われ、年々売上は下がり事業の継続すら危ぶまれる事態になってしまいました。

なぜ失敗？

　これからの事業環境や会社の将来性についての検討が、十分にできていなかったことが原因です。後継者に託すのは、これまでの経営でなく「これからの経営」です。

　A氏の息子は経験もあり、人望が厚かったため、事業を引き継ぐという視点では適していたかもしれません。

　しかし、将来の市場や競合動向が目まぐるしく変化する昨今では、より大局的な視点と抜本的な転換が求められる業界が多数あります。

Part2　M&A

こうすれば、良かった

　会社の将来を検討するには、現経営者と後継者が共同で中期事業計画を策定することが有用です。

　事例の場合、具体的には、以下のステップで進めます。

STEP 1　　自社の現状分析

　　　　例）顧客属性や顧客の来店動機は何か

　　　　例）取り扱い商材や商材別の利益構造、成長率はどうか

STEP 2　　今後の環境変化予測とリスクの洗い出し

　　　　例）フリマアプリやECの台頭はどこに影響が出るか

　　　　例）商圏人口の将来見込みや年齢構成は？

STEP 3　　事業の方向性とリスク対応策検討

　　　　例）フリマアプリにも勝てる店にするには何が必要か

　　　　例）売り場や店舗の改装が必要ではないか。資金はあるのか

STEP 4　　具体的な中期事業計画への落とし込み

　　　　例）損益計画、投資計画（出店/改装）、行動計画

　　　　例）リスク対策等の実行スケジュール

　もし自社で対処することが困難なリスクがあった場合、外部の第三者への譲渡（M&A）での解決も検討すべきです。M&Aは、事業承継の一手段としてだけでなく、会社の成長や安定を図るための手段としても有効といえます。

第1編　失敗事例から学ぶ事業承継対策

27　役員承継したものの…

事例

　A氏は、広告業を営む甲社の社長です。

　先代社長には遠方に嫁いだ娘しかいなかったため、当時55歳の役員であったA氏が強く請われて社長に就任しました。先代から自社株も譲り受け、借入金への個人保証もしました。

　それから10年。A氏も65歳になり、次の代に引き継ぐときが来ています。

　しかし、社内の若い役員に話してみましたが断られてしまいました。自分の子どもに継がせることは考えたこともありません。

　このままでは、A氏に何かあったとき、会社のことを全く知らない妻や子どもたちが自社株を相続し、多額の相続税がかかってしまいます。先代は会社を離れていますがまだお元気で、甲社の近況をA氏から聞くのを楽しみにしているため、外部への売却も取り組みづらく、A氏は困ってしまいました。

なぜ失敗？

　先代社長がA氏に事業を譲るときに、その次の承継までの時間も短いため、次の承継先についても検討しておくべきでした。

　譲り受けたA氏の問題でもありますが、オーナーでない役員は株や税に対する知識がほとんど無いことも多く、譲渡する側（この事例では先

Part2　M&A

代）が検討すべき課題です。

こうすれば、良かった

　役員を後継者にすることと、株式を承継させることは別問題です。先代社長は、Ａ氏を後継者にするにあたり、株式の承継について直接Ａ氏が保有する方法のほかに次のような方法を検討しておくのがよかったでしょう。

①　オーナー家が所有を続ける

　機動的な経営を行うためには、自社株の所有者と経営者は一緒の方が望ましいですが、自社株（所有）は子どもに、社長（経営）は役員に承継するなど、所有と経営を分離させることが考えられます。

②　役員持株会（従業員持株会）の活用

　役員に株を持たせたい場合は、役員持株会の活用も考えられます。役員退任時の株式買い戻しなどを定めることができ、株の分散や将来の承継先不在問題を防ぐことも出来ます。

③　第三者への承継（M＆A）

　外部の第三者に譲渡した場合であっても、役員がそのまま経営を続けるケースは多く見受けられます。オーナーは経済的にも多くのメリットを得られる可能性があります。

　上記はいずれか一つということではなく、例えばご自身の子ども（あるいは役員）に一部の株を持たせ、過半数については外部の第三者に売却するなど、様々な組み合わせも可能です。

第1編　失敗事例から学ぶ事業承継対策

28　情報が漏れ、根も葉もない噂が…

事 例

　甲社の社長であるA氏は、後継者がいないことを気にかけていました。

　最近では、知り合いの社長との飲み会などで、冗談交じりに、「うちを買ってくれるいい先がいれば紹介してよ」と話しています。

　ある日、自社の従業員から「取引先乙社の担当者から聞いたのですが、うちは売りに出ているのですか?」と聞かれました。

　どこからか、乙社に対し甲社の買収提案があったようで、「経営が悪化しているのか」「どこかの傘下になるのか」なども聞かれたとのことでした。社内でも色々な噂が立っているようです。

　乙社にも社内にもA社長が直接説明をしたことで噂は止みましたが、当分の間後継者問題を棚上げにせざるを得なくなりました。

なぜ失敗?

　情報を募るのは良いことですが、会社の売却などの話を軽はずみにすることはやめましょう。事業承継は、最も大きな経営情報の一つです。特にM&Aに関する情報は広まりやすく、情報の取扱いには注意が必要です。

　情報漏洩に注意が必要なのは、M&Aを進めている最中だけではなく、M&Aを始める前も同じです。

110

Part2　M&A

> ### こうすれば、良かった

　情報を漏らさないためには、以下のような点に注意しましょう。

・あやふやな態度で話さない

　あやふやな態度で話すと、相手も重要な話として受け止めませんので、他人に話しても構わない、と思われてしまいます。

　言いにくい話題は冗談交じりに話したくなりますが、真剣な態度で話すことが重要です。

・情報の『管理』を徹底する

　「誰に」、「何の情報が」、「どのように」伝えわっているかを押さえるのが情報管理のポイントです。

　複数の人に話をしてしまうのはもちろん、たとえ「興味がある人がいる」と言われた場合でも、自分以外から話をすることは絶対に避けましょう。伝言ゲームは危険です。

・情報は小出しにする

　M&Aの一般的な進め方では、関心度を探るために、最初はノンネームシートと呼ばれる匿名情報の開示から始めます。相手の関心度を確かめながら、情報は小出しにしていくことが重要です。

第1編　失敗事例から学ぶ事業承継対策

> **コラム**

M＆Aの進め方

　M＆Aで会社を売却する場合、実現に至るまでにはいくつかのステップがあります。ここではポイントを絞って、その流れを概観します。

【M＆Aの進め方】

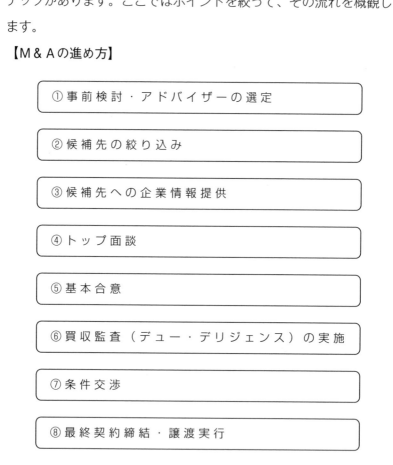

① **事前検討・アドバイザーの選定**

　自社にとっての事業承継目的を明確にし、M＆Aを進めるべきか

112

Part2　M&A

を判断します。

　判断に際しては、後継者の状況の他、会社の事業成長や財務状態なども改めて整理し、M&Aによる事業への影響や、交渉に当たってアピールできる強みを把握しておきます。

　また、特にM&Aが初めての場合、M&A推進には、経験豊富なアドバイザーの存在が不可欠です。信頼できるアドバイザーを決め、事前検討段階からアドバイスを受けましょう。

②　候補先の絞り込み

　自身やアドバイザーが挙げた買い主候補先リストから、条件に合いそうな数社を絞り込みます。

　幅広く数十社程度を一覧にしたものをロングリスト、数社に絞ったものをショートリストと呼びます。

③　候補先への企業情報提供

　候補先への情報提供は、最初「ノンネームシート」と呼ばれる匿名情報から行います。匿名情報での反応が良い先については、秘密保持契約を締結し、企業情報をまとめた企業概要書（IM（=Information　Memorandum）ともいいます）などにより詳細情報を開示します。

④　トップ面談

　企業概要書などの詳細情報を開示後、関心が高いようであれば、両社のトップ同士で面談を行います。このとき後の交渉を有利に進

第1編　失敗事例から学ぶ事業承継対策

めたいために、高圧的な態度をとったり、会社の自慢をしすぎたりする方が稀にいますが、絶対にしてはいけません。M&Aも人と人との良好な関係の上に成り立っています。

⑤　**基本合意**

　トップ面談を終えたら、基準となる条件や最終契約までのスケジュール等を記載した基本合意書を取り交わします。

　基本合意には、独占交渉条項を付けることが多く、ここからは1社のみとの交渉となるのが一般的です。

　基本合意書は、「LOI」（=Letter Of Intent）や「MOU」（=Memorandum Of Understanding）と略されることがあります。

⑥　**買収監査（デュー・デリジェンス）の実施**

　買収監査は、デュー・デリジェンスともいわれますが、候補先から、事業面、財務面、法務面など多岐に渡り詳細な調査が行われます。

　普段目にすることがない資料の依頼や、ご自身では分からない質問などが数百を超えることもあり、M&Aを知らない社員の手を借りずに秘密裏に進めることも相まって、相当負荷がかかることは覚悟しておく必要があります。

⑦　**条件交渉**

　最終契約に向けて細かい条件を双方で詰めていきます。

Part2　M&A

　基本合意で定めた条件が基準となりますが、買収監査で新たに何かが判明した場合は、条件が大きく変わることもあります。事前準備の段階で自社のことをご自身で正確に把握しておくことが、重要になってきます。

⑧　最終契約締結・譲渡実行
　株式譲渡契約などの最終契約を締結し、譲渡・決済が実行されます。肝心の従業員への報告は、契約締結直後に、売り手と買い手が一緒に行うのが一般的です。

第1編　失敗事例から学ぶ事業承継対策

29　家族のために進めていたはずが

事例

　甲社のオーナー社長であるＡ氏は、過去に息子との雑談の中で会社を継ぐ気は無いと言われており、息子は現在も全く関係のない上場企業で働いています。

　自分が倒れた場合には、家族に迷惑がかかることを心配したＡ氏は、第三者へ会社の譲渡を行うことを決断しました。幸いにも候補先との話は順調に進み、無事、最終契約を締結することが出来ました。

　契約締結後、会社を譲渡することを息子に伝えたところ、「売るくらいなら自分が会社を継ぎたい」と反対されました。

　何度も説得しましたが息子の意見は変わらず、当初賛成だった奥さんも反対に回り、結局高額な違約金を払って契約を破棄し、譲渡を取りやめることにしました。

なぜ失敗？

　Ａ氏は過去、息子に会社を継ぐ意思を確認していましたが、雑談の中、すなわち日常会話の延長での確認だったことが原因です。

　親子の日常会話では、親子間の気恥ずかしさがありますし，息子としては、すねかじりと思われたくないというプライドもあります。他人よ

116

Part2　M&A

りも、本音で会話することは難しい場合もあります。

　A氏は、家族の幸せのためにM&Aを進めたつもりでしたが、結果として家族の反対を受けてしまいました。

こうすれば、良かった

　雑談や日常会話の中ではなく、真剣な場で、息子を含めた家族と本音で話し合っておくべきです。

　我々が事業承継やM&Aのご相談を受ける際には、必ず最初に関係者の意思を確認します。

　「子どもは会社を継ぐ気が無い」と話をされるオーナー社長に対しては、以下の点を納得するまで確認します。

　　・ご子息・ご息女が継がない理由は何か？

　　・いつ、どのような場面で確認したのか？

　　・「M&Aをする」という具体的な話もして同意しているのか？

　少しでも気になる場合は、再度意思を確認して頂いたり、場合によってはご子息・ご息女同席の下でご説明をしたりします。

　あらかじめお互いが本音で話し、少しでも会社を継ぐ意思があることが分かれば、親族内承継とM&Aを同時に検討することも可能ですし、両方を検討することで初めて本音が分かってくることもあります。

第1編　失敗事例から学ぶ事業承継対策

30　社長より偉い人はいませんか？

事　例

　建設業甲社の社長であるＡ氏は、先代である父親が逝去した15年前に社長を継ぎました。

　Ａ社長には子どもがいなかったため、顧問税理士からの勧めにより、Ｍ＆Ａを前向きに検討することにしました。

　候補先が見つかり会ってみると感触も良かったため、会社の譲渡を決断。最終契約締結後、元専務として先代の右腕だった叔父Ｂに報告しました。

　Ｂ氏は５年前に既に経営から離れていましたが、「先代と自分が創った会社を売るとは何事か」と猛反対されてしまいました。

　その後Ｂ氏は一部の古株の従業員に状況を話してしまい、Ｂ氏を慕う彼らはＡ氏が独断で会社を売却しようとしていると思い、「事業譲渡には反対だ」と申し出てきました。

　従業員が反対となると、事業の継続は危ぶまれます。候補先に状況を説明したところ、契約の解除を告げられてしまいました。

なぜ失敗？

　叔父のＢ氏は、Ａ社長の父親である先代社長と二人三脚で会社を切り盛りしてきたため、古株の従業員にはＢ氏を慕う人が多数存在しました。Ｂ氏の立ち振る舞い次第では、事業の中核を担う従業員が反対派に回る

Part2　M&A

可能性があることを、Ａ社長は認識出来ていませんでした。

こうすれば、良かった

　甲社は従業員が事業の中核を成す建設業ということもあり、Ａ氏は未だ従業員に対する強い影響力を持つＢ氏と事前に入念な話し合いを行い、M&Aに対する了解を得ておくべきでした。事前を話せば納得することでも、「なんで先に相談がないんだ」とへそを曲げてしまわれたら、説得も容易でありません。

　M&Aを進めるには、前もって重要人物に話をしておかなければ、円滑にM&Aを進めることが出来なくなるケースがあります。

　重要人物の例としては、以下が挙げられます。

　・創業家の面々、先代関係者

　・事業を運営する上で重要なポストに就いている役員、従業員

　・地主や重要取引先

　・会長・社長に経営上のアドバイスをしている人

　あまりにも多くの人物に対し事前説明を行ってしまうと、情報漏洩のリスクが高まります。そのため、あらかじめキーマンを整理しておき、必要最低限の関係者にのみ事前に説明を行うなど、相手に合わせたタイミングとバランスが重要です。

第1編　失敗事例から学ぶ事業承継対策

31　早ければ早いほうがいい？

事例

　甲社のA社長は、後継者不在に悩んでいたところ、ある取引先から、甲社を譲り受けたいという乙社を紹介されました。

　早速A社長は、乙社の社長と面談し、意気投合。決算書を提出し、幾つか質問を受けましたが、先方は、「A社長を信頼していますよ」と、次の月には株式譲渡契約を締結し、面談から1.5ヶ月で譲渡を実行しました。

　思ったよりスムーズに進んだと喜んでいたところ、譲渡から数か月後、A社長は乙社の社長から呼び出されました。

　先方からは、決算書に載っている売掛金に回収が出来ない先が残っていることや、従業員から帳簿には載っていない退職金を請求されていることなどを厳しく指摘されました。

　A社長は、譲渡前にそのような質問を受けたことはありませんでしたが、乙社の社長から「これは表明保証違反に該当する」と告げられ、1年後に受け取るはずだった役員退職金が減額されてしまいました。

なぜ失敗？

　通常、M＆Aのプロセスには、買収監査（デュー・デリジェンス）というものがありますが、このプロセスを省略したことが原因です。

120

Part2　M&A

　一見、譲り受けた側が調査を怠ったことが原因であるため、Ａ社長に非は無いように見えますが、将来的な損害を回避するという観点では、むしろＡ社長が注意すべき問題なのです。

こうすれば、良かった

　一般的に、Ｍ＆Ａの最終契約では表明保証条項、補償条項が定められますので、買収側が知らなかった簿外負債や、帳簿と実態との乖離などは、発生した損害を『売主』が補償する義務を負います。

　「Ａ社長を信頼していますよ」という先方の言葉を鵜呑みにせず、買収監査（デュー・デリジェンス）を実施することをＡ社長から提案すべきでした。

　スムーズに進むことは良いことですが、相手に会社の中身について正しく理解してもらわなければいけません。

　そのため、買収候補先は法務・財務・事業などの観点から、決算書などの資料は正しいか、譲受後に顕在化するリスクは無いかなどを、１〜２ヶ月かけて調査するプロセスがあります。これが買収監査（デュー・デリジェンス）です。

　もし仮に、それでも買収先が買収監査を省略した場合には、表明保証条項を確認し、問題が起きても売主が負担しないような契約書にしておくべきです。

　調査されるのは大変ですが、むしろ時間をかけてきっちりと調べてくれる相手先の方が安心、ということです。

121

第1編　失敗事例から学ぶ事業承継対策

32　全部売ってしまってヒマ？

事 例

　甲社は、中古住宅の再販事業・リフォーム事業を展開していましたが、創業者であるＡ氏が元々やりたかった家事代行事業に参入しました。

　3年後、家事代行事業はようやく軌道に乗り始めましたが、Ａ氏は年齢的にも年々大きくなる会社を運営することに限界を感じてきたため隣県の同業に会社を譲渡しました。

　譲渡検討にあたって、Ｍ＆Ａアドバイザーから、会社ごと売却した方が、譲渡対価が大きくなるし、譲渡対価を元手に新しく事業を始めればよいと勧められたこともあり、家事代行事業も含めて会社ごと譲渡しました。

　しかし、ゼロから事業を立ち上げることは、既存の事業を行う中で新規事業を始めることよりも遥かに難しく、Ａ氏は今更ながら、会社ごと譲渡したことを後悔してしまいました。

なぜ失敗？

　譲渡後の生活や、仕事との関わり方のイメージが具体的になっていないまま進めたために、後悔する結果となりました。

　元々、Ａ氏としては家事代行事業だけは今後もやっていきたいと思っていましたが、日常業務に加え、譲渡を行うための事前準備に疲弊して

122

Part2 M&A

いたこともあり、譲渡することだけを優先させてしまっていました。

こうすれば、良かった

　A氏は、会社の譲渡を考えだした時点で、譲渡後に何をしたいかを想像し、それを実現するにはどういった方法が可能なのか、もっと具体的に検討すべきでした。

　譲渡後に何をしたいかは人それぞれです。悠々自適な生活を送ることも良いでしょうし、社会貢献に励むことも素晴らしいことだと思いますが、一部の事業や資産を残して経営を続けるのも選択肢です。

　例えば本事例では、残しておきたい事業を会社分割や事業譲渡などの方法で切り離し、その他事業を売却していれば、A氏は事業を継続することができます。

【会社分割の例】

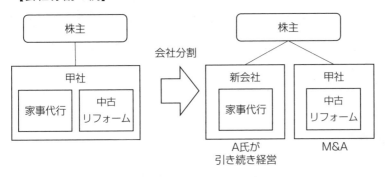

第1編　失敗事例から学ぶ事業承継対策

33 知り合いとＭ＆Ａを直接進めてみたけれど

事　例

　甲社の創業社長であるＡ氏は昨年還暦を迎えました。適切な後継者も思い当たらないため、創業当初からお世話になっていて過去に企業買収の経験もある同業のＢ氏に甲社を引き継いでもらえないかと直接持ち掛けました。

　Ｍ＆Ａの経験がなかったＡ氏は、Ｂ氏の指示に従って手続きを進めていきます。Ａ氏は甲社の売却にあたって、希望条件がありましたが、自分からお願いしたという遠慮もあって、明確に伝えてはいませんでした。

　いずれ確認があるだろうと思っていましたが、最後までその確認もないまま、Ｂ氏から製本捺印済みの契約書を手渡されました。

　契約書に記載された条件はＡ氏の希望条件とは異なる点も多くありましたが、Ｂ氏との関係を壊したくなかったため、提示された条件で甲社を譲渡しました。

なぜ失敗？

　Ａ氏はＭ＆Ａの経験がないにも関わらず当事者同士で直接進めたことで相手のペースとなり、自身の希望条件を主張することが出来ませんでした。

　譲渡金額、退職金や譲渡後の自身の処遇などのセンシティブな条件は、

124

Part2　M&A

知り合いには言いづらく、きちんとした交渉を避けてしまいがちです。

```
こうすれば、良かった
```

　本事例では、Ａ氏は自身が話を持ちかけたという遠慮もあり、譲渡対価や退職金としていくら欲しい、退職後は顧問として二年間は会社に残りたいなど、特にご自身に関わる希望条件を言う機会がありませんでした。

　例えば外部のアドバイザーを活用した場合、これまでの関係と離れて、希望条件を相手に伝えることができます。また、ご自身では気付きにくい条件もアドバイザーと話すことによって明確にできることがあります。商号に思い入れがある場合は商号の継続を希望条件としたいでしょうし、会社に従業員として働いている親族がいる場合はその雇用を続けてほしいと希望する、などもあるでしょう。

　会社の売却という一生に一度あるかないかの大事な場面で悔いを残さないためにも、第三者であるアドバイザーを間に入れたほうが希望条件も伝えやすく、スムーズにいくことが多いのです。

第1編　失敗事例から学ぶ事業承継対策

34　譲渡後は、譲り受けた人が考えるべき、は間違い？

事例

　食品製造業を営む甲社の社長のＡ氏は、創業時から第一線で陣頭指揮を執っていましたが、数年前に自身の体調不良で現場を社員に任せていました。

　Ａ社長が現場を離れた頃から業績が悪化し、遂には赤字に陥ったため、他社との提携によって業績改善を図ろうと甲社の売却を決意しました。

　甲社の買収に関心を示した大手食品卸売業の乙社は、買収監査（デュー・デリジェンス）のインタビューでＡ氏と面談しますが、Ａ氏の口から出てくる言葉はどうも他人任せです。「我が社はもっと実力がある。乙社なら何とかできるはずだ。乙社の力で盛り返して欲しい。」

　収益向上策や具体的な将来計画を乙社が質問するも、「それは譲渡した後の話だから、乙社で考えた方がいい。私があれこれと口出すことではない。」との回答です。

　結局、乙社は甲社の黒字化や将来計画を具体的に描くことができず、買収見送りの決断を下しました。

なぜ失敗？

　乙社が見送りの決断を下した理由は、甲社の黒字化に向けた将来計画

Part2　M&A

に対して、Ａ氏が合理的で具体的な施策を提示できなかったためです。

　買収を検討する先は、買収監査のインタビューや詳細資料の開示等で将来計画に対する具体的な施策を確認します。しかし、Ａ氏は他人任せな姿勢で乙社に任せっきりでした。その結果、乙社は甲社の将来を評価することができなかったのです。

こうすれば、良かった

　会社の売却を進める前に、まずは自社で考えられる収益向上や将来計画の施策を、より具体的に立てましょう。既に取り組みを実行し、結果が伴っていれば尚良しです。

　確かにＭ＆Ａでは譲渡後に経営権が移るため、Ａ氏のように、「売った後は相手が考えること」というのは一理あります。しかし、相手は、買収先の経営をしたことがありませんので、その会社が考えている将来を評価することになります。特に、

①　赤字の場合や収益力が低い場合

②　成長途上にある場合

③　買い主候補が異業種である場合

は自社で将来計画を立てなければ、正しく評価されないことがあります。

　また、相手からの評価を上げるためには、提携による相乗効果を自分達から発信しましょう。相手が気付いていない相乗効果があるかもしれません。そして、その発信が相手に対するアピールにもなります。

　会社の将来は他人任せにせず、自分達から積極的に発信することが、譲り受ける側にとっても安心材料になるのです。

第1編　失敗事例から学ぶ事業承継対策

35 どんぶり勘定だったがために…

事例

　A氏は、飲食店を運営する甲社を創業し、自らが経営者として事業運営を行ってきました。野菜の産地にこだわったレストランは、昨今の健康ブームもあり、大変な人気を博しています。

　A氏は、この健康ブームに乗って次々と新規出店していきます。その結果売上は右肩上がりに増収しますが、利益は逆に微減している状態です。

　それでもA氏は、健康ブームに乗り遅れまいと新規出店を続けます。そんな矢先、無理がたたったせいか、体調を崩してしまい経営者として携わることが難しくなりました。元々後継者が不在であったこともあり、これを機会にM＆Aを決意します。

　M＆Aを進めたところ、関心を示した数社から買収の意向を示す意向表明書の提出がありました。熟考の末、乙社と基本合意書を締結したA氏は、買収監査で候補先より業績に関する質問を受けます。しかし、A氏は出店で売上は伸びている一方で利益が増えていない理由が説明できませんでした。

　乙社は保守的に考えざるを得ず、意向表明書で提示された金額を大幅に下げて提示されてしまいました。

128

Part2　M&A

なぜ失敗？

　M＆Aでは、買い手は「この会社は本当に利益が上がるのか」という視点で調査を行います。売り手は現状を正しく分析し、利益を上げるためには何が必要か、本当に利益が上がるのかを論理的に主張できなければ、良い条件を引き出すことは出来ません。

　実際のところ甲社では、生鮮である野菜の廃棄ロスや、現場任せのシフト体系による時間帯別損益の悪化、店舗毎の仕入による物流費のかさみなどが利益を逼迫する原因となっていました。しかしＡ氏は出店を優先するあまり、店舗ごとの利益悪化の要因分析をきちんと行っておらず、説明できなかったのでした。

こうすれば、良かった

　会社を売却する際は、現在の業績に対して、なぜその結果になったのか、何が原因となっているのかをきちんと把握しておくことが大切です。

　本事例のように、急拡大しているような会社において、利益管理や事業分析が疎かになっていることは往々にしてあります。

　特に店舗管理が必要となるような業態は、管理体制に不備がないよう注意が必要です。事業拡大のための新規出店も大事ですが、同時に会社全体の管理体制も整備し、現場と数値がつながって理解できているようにしておきましょう。

第1編　失敗事例から学ぶ事業承継対策

36　管理体制は目に見えない加点・減点ポイント

事 例

　A氏は、設備工事を行う非上場会社甲社のオーナー社長です。

　後継者がいないA氏は、自分のビジネス人生の集大成として、甲社を上場会社に譲り渡したいと思うようになりました。

　アドバイザーを起用し探索したところ、幸いにも幾つかの上場会社が名乗りを上げたため、そのうちの1社と基本合意を締結し、買収監査（デュー・デリジェンス）へと進みました。

　しかし、いざ始めてみると、先方から要請された資料がどこにあるか分からなかったり、見つけたとしても数字が間違っていたり、契約書は有効期限切れで更新が必要だったりと、提出までにかなりの時間を要してしまいました。

　候補先は資料提出の遅さや内容の誤りに不信感を抱き、買収後の管理体制の整備に大きな労力が発生することを懸念し、買収を辞退してしまいました。

なぜ失敗？

　A氏は職人気質で現場仕事ばかりに集中しており、管理ごとは経理や総務にすべて任せていました。

　管理体制の脆弱さにより対応が遅れると、特に上場会社が候補先の場合は検討を中止したり、当初の条件より悪い条件が提示されたりなど、

130

Part2　M&A

譲渡を検討している会社にとって不利になることが多くみられます。

こうすれば、良かった

　管理体制に不安がある場合、M&Aを始める前に、前もって候補先に提出する必要のある管理資料を整備しておくことが望ましいでしょう。完全に整備することは難しいかもしれませんが、M&A本番で何が問題になりそうかを予め把握し、準備しておくことが出来ます。

　特に以下は、優先して整備・把握しておくべき事項です。

- ・　契約書等の原本管理
- ・　決算書の帳簿金額の適正性
- ・　予算・実績管理
- ・　組織・権限分掌
- ・　労務関係（人事制度や残業管理など）
- ・　株主関係（株主の管理・整理）

　M&Aを始める前に売り手側で行う買収監査を、pre-DD（プレ・デュー・デリジェンス）といいいます。ご自身で難しい場合は、M&Aに長けたコンサルティング会社を活用することも一つです。

　上場企業に限ったことではありませんが、しっかりとした会社に自分の会社を任せるためには事前に準備する必要があるのです。

第1編　失敗事例から学ぶ事業承継対策

37　M＆A事業者のアドバイスもあり、希望金額を高めにしたところ…

事例

　A氏は、複数の調剤薬局を経営する甲社の創業者です。

　後継者不在の問題を抱えるA氏に、とあるM＆Aアドバイザーから「無料株価算定サービス」のDMが届きました。

　A氏は自社株の評価に興味があったので算定してもらったところ、自分が想定していた価格よりも大幅に高い金額が提示されました。A氏は迷いましたが、アドバイザーがいうなら、ということで、その価格を前提に売却の準備を進めることにしました。

　いくつかの企業に打診をしたところ複数の大手同業が関心を示し、意向表明書の提示がありました。しかし、候補先より提示された価格はどれもアドバイザーが当初提示してきた価格に届きません。

　その後も、アドバイザーが示した価格で売れると信じてまた別の候補先へ打診を行いました。そのうちに診療報酬改定などの影響もあって甲社の採算が悪化、当初の価格どころか買い手が見つからない事態に陥ってしまいました。

なぜ失敗？

　A氏は、アドバイザーのいう価格を信じて進めたところ、本来であれば業界の相場で売却できたにも関わらず、その機会を逃してしまうことになってしまいました。

Part2　M&A

　アドバイザーが提示する価格と実際の取引価格は必ずしも一致するわけではありません。たとえアドバイザーとしてM＆Aの進め方は分かっていても、その業界に精通していなければ、売り時や価格の判断を誤ることがあります。

こうすれば、良かった

　アドバイザーがその業界に精通しているか確かめましょう。業界の現状や主要プレイヤー、今後の動向など世間話としてアドバイザーに聞けば、その情報量で確かめることができます。

　特に本事例のような、国の法規制や許認可の影響を受ける業種は、法改正等により環境が激変するので注意が必要です。また、国の法規制や許認可の影響がない場合であっても、業界特有の商慣習が価格に影響を及ぼすこともあります。

　では、業界の相場を知るためにはどうすればよいでしょうか。例えば、１社のみに限定せず、セカンドオピニオンとして他のアドバイザーにヒアリングするのも良いかもしれません。

　他には、M＆Aを正式に始める前に、アドバイザーに依頼して、対象会社の情報は伏せた状態で候補先にプレヒアリングしてもらうことで、業界の相場を知ることもできます。

第1編　失敗事例から学ぶ事業承継対策

38　価格が一番高いところが、うまくいく会社？

事 例

　社長のＡ氏が創業した甲社は、セールスプロモーションのデザイン業を営んでいます。高いデザイン力と臨機応変に対応できるコンサルティング営業が特長であり、クライアントである大手小売企業も厚い信頼を寄せています。

　Ａ氏は、従業員がクリエイティブな仕事が出来るよう、なるべく自由な社風作りを心がけてきました。その一方で、高齢でもあり親族内で承継する人がいないため、従業員がこの環境で働けるよう良い候補先がいれば会社を売却する想定で準備を始めました。

　実際に候補先に対して打診を進めたところ、数社が関心を示しました。その中で、一番高い金額を提示してきたのは乙社でした。

　乙社は、全国でも有名な複数ブランドの飲食店を経営する上場企業で、外注している販促デザインの内製化というニーズがあり、手を挙げたのでした。Ａ氏は、乙社が一番自社を評価してくれていると感じ、乙社への売却を決めました。しかし、売却から数ヶ月後、甲社から大量の従業員が退職してしまいました。

なぜ失敗？

　乙社の傘下になってからは、甲社の従業員は乙社から依頼される仕事を淡々とこなす毎日でした。また乙社の社内ルールも甲社とは異なり、

134

Part2　M&A

以前のように自分達で自由にデザインしたり、新規の営業先に提案した
りできる仕事がほとんど無くなりました。甲社の自由な社風や仕事が好
きだった従業員達は働き甲斐を失い、その後会社を離れてしまったので
した。

こうすれば、良かった

　従業員のことを第一に考えるのであれば、金額的な条件よりも候補先
との企業文化や社風、譲渡後に任せられる仕事との相性を最重要の選定
基準にしましょう。

　会社の売却において、価格は重要な条件の一つですが、従業員が退職
してしまっては、元も子もありません。M&Aの失敗事例の多くが、こ
うした企業文化の違いに起因するものです。

　甲社は、従業員の意思が尊重される自由な仕事環境があったがゆえに、
高いデザイン力を生み出し、クライアントからも評価されていました。

　企業文化や社風というものは、見えづらく、特に経営トップからは分
かりにくいものですが、例えば、従業員に直接ヒアリングしたり、働き
方改革と称して、アンケートを取ってみたりすることで、その一端を知
ることが出来ます。

　従業員の気持ちが理解できれば、候補先に対して何を求めるべきか自
ずと明確になってきます。高い価格を提示してくれた会社もよいですが、
企業文化や社風を理解してくれる会社の方が従業員のために選ぶべき売
却先といえるのではないのでしょうか。

第1編　失敗事例から学ぶ事業承継対策

39　引継ぎに失敗してしまい、いつまでも引退できず…

事例

　甲社は、特殊な塗装技術をもつ会社として、自動車業界や建築業界など幅広い業界の顧客ニーズに対応してきました。

　創業者のＡ氏は、技術畑を歩んできており、創業後も新技術の開発をけん引してきましたが、ここ何年かは体調面の不安から、家族から度々引退を勧められていました。社内の幹部では後継者として経営能力に不安があったため、第三者へ甲社を売却する決断をしたＡ氏でしたが、同業種への売却はあらぬ噂が立つのではと懸念し、異業種である乙社とのM＆Aにこぎつけました。

　様々な契約等を終え、セカンドライフの計画を立てていたＡ氏ですが、どうも経営の引継ぎが上手くいきません。

　Ａ氏は、ここまでついてきてくれた社員のことを考えると投げだすこともできず、２年経った今でも毎日会社に出ています。

なぜ失敗？

　属人的な技術の承継にあたり、乙社から適正な人材が送られて来なかったことが失敗の原因です。

　当初は、Ａ氏は引継ぎとして１年間顧問として協力する契約になっており、乙社からも引継ぎの幹部が派遣される予定でした。

　しかし、派遣された幹部は技術に疎く引継ぎが全く進みません。乙社

Part2　M&A

からは、甲社へ派遣できるほど、技術に明るい人材はいないと言われて
しまい、結局社内で一からの育成となりました。

こうすれば、良かった

　相手先がご自身の役割を引き継ぐことが出来るかどうかしっかり見極
めましょう。

　M&A後に、買収先から社長や役員などが派遣されてくるケースは多
くありますが、派遣されて来る対象者・引継ぎ期間・体制などの事前確
認が大切です。

①　対象者

対象者の経歴（職歴・役職など）をふまえて、事前に面談しておくこと
も有効です。仮に対象者に適性がなかった場合、外部から連れてくるこ
とが出来るかどうかも確認すべきです。

②　引継ぎ期間

円滑に引き継げるようスケジュールを具体的に詰めておきましょう。

③　体制

常駐なのか非常駐なのか。どのポジション（代表者、役員、従業員）で
来る予定かを確認しましょう。

　本事例のように、同業や近隣地域でのM&Aを敬遠し異業種を望まれ
るケースも多いのですが、特殊な技術などがある場合は同業者へのM&
Aも選択肢としてしっかり考える必要があります。

第1編　失敗事例から学ぶ事業承継対策

> **コラム**

バリュエーション方法

　M＆Aで株式の売却を検討するとき、「一体いくらで売れるのか」は非常に気になるところです。

　M＆Aにおける株式の価値は、相続税の計算における財産評価のように一定のルールに基づき算定されるものとは異なり、相手との交渉の中で決まります。そのため固定的なルールは有りませんが、一般的には次の3つの算定方法があります。

【株式価値の算定方法】

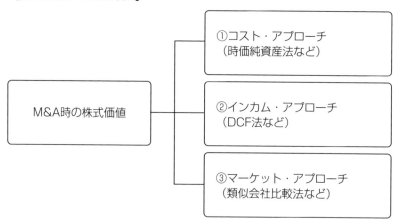

① コスト・アプローチ

　会社の貸借対照表に着目した算定方法です。

　「時価純資産法」とよばれる、資産時価から負債時価を控除した、企業の正味財産額を算定基礎とする方法が代表的です。

Part2　M&A

　会社の財産に着目していますので、清算した時の価値に近く、どちらかというと売り手目線の算定方法といえます。

②　インカム・アプローチ

　こちらは、将来収益に着目した算定方法です。

　インカム・アプローチで代表的なものとしてDCF法（Discounted Cash Flow 法）がありますが、分かりやすく簡単に表現すると、「収益の何倍」という考え方です。

　M＆Aの買い主は、将来の収益を獲得するという目的がありますので、どちらかというと買い手目線の算定方法といえます。

③　マーケット・アプローチ

　これは、類似する企業の取引実績に着目した算定方法です。

　評価対象会社と類似する上場会社株式の取引価格などをベースに算出した一定の倍率を、評価対象会社の経営指標に乗じることによって価値を導き出します。

　実際の取引価格を基にしているため中立な算定方法なのですが、上場会社の中に類似する会社が少ないことが難点です。

　いずれの算定方法も一長一短ありますが、これらにより算定した価格を土台に、総合的に判断・交渉がなされることになります。

　結局は相手がいないと決まらないわけですが目安にはなりますので、具体的な検討の前には、自社の価値の目安を把握しておきましょう。

第2編

失敗事例から学ぶ
相続対策

第2編　失敗事例から学ぶ相続対策

40　相続は「事後処理」と考えたために

事 例

　Aさんに相続が発生しました。

　Aさんの遺されたご家族は、「お父さんが元気なうちに相続対策をしておけばよかった。お父さん、自分が死んでからの話なんてって聞く耳持たなかったから。こんなに大変だとわかっていたら。」とあまりのやるべきこと、考えるべきことの多さに呆然とし、不安になりました。

なぜ失敗？

　相続が発生するとお通夜、お葬式に始まり、10ヶ月後の相続税の申告期限、その後の1周忌まで、各種届出や手続きはもちろん、やること考えることが目白押しです。相続は一生のうちに何度も経験をするものではありません。実際に経験してみて初めて大変さに気付くのです。

　相続対策と聞くと税金の対策を思い浮かべがちですが、それだけではありません。相続が発生すると亡くなった人に聞きたいことがたくさん出てきます。ペイオフ対策で増やしただれも知らない銀行口座はありませんか、加入した保険の書類はどこにしまいましたか、亡くなったことを誰に伝えればよいですか。

　「自分が死んだ後のことなんて関係ない」とは言わず、遺されるご家族のために少しでも準備をしておくこと、これも大切な相続対策です。

142

こうすれば、良かった

　相続後にご家族が困らないよう、元気なうちに準備しておきましょう。以下、やっておくとよいことをいくつか紹介します。

① 自分のルーツをまとめておく

　相続が発生すると亡くなった人が生まれてから亡くなるまでの戸籍が必要になります。本籍地の変遷をまとめておくだけでも戸籍の取得が楽になります。

② 書類の置き場所を決めておく

　保険や不動産の書類、通帳などの保管場所を決めておきます。そうすれば相続後、ご家族が書類探しに苦労しません。

③ 銀行口座はなるべく１つにまとめる

　使っていない銀行口座は解約しておきます。銀行の手続きは亡くなってからご家族が手続きするより、ご本人が手続きする方が何倍も簡単です。

④ 亡くなった後どうしてほしいか希望を書いておく

　自分が亡くなったことを誰に伝えてほしいか、葬儀の形式はどうするか、正式な遺言書ではないものであっても財産の分け方はどうしてほしいか、などを書いておけばご家族の負担を減らすことができます。

第2編　失敗事例から学ぶ相続対策

参　考　相続税の計算方法

各人が納付する相続税額は、次のように計算されます。

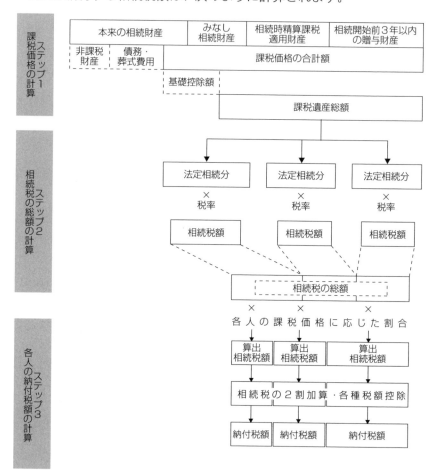

ステップ1　課税価格の計算

亡くなった方（被相続人）から相続などにより取得した次のような財産を合計し、各人の課税価格を計算します。すべての人の課税価格の合

計額から相続人の数に応じて計算した基礎控除額を控除した金額を課税遺産総額といいます。

課税価格＝本来の相続財産＋みなし相続財産＋相続時精算課税適用財産
　　　　　－非課税財産－債務・葬式費用
　　　　　＋相続開始前3年以内の贈与財産

基礎控除額＝3,000万円＋600万円×法定相続人の数

① 本来の相続財産

　　預貯金、不動産、有価証券、貸付金など有形、無形問わず相続開始時に存在する金銭に見積もることができる被相続人の全ての財産をいいます。小規模宅地等の特例（P214「参考」参照）なども考慮して評価額を計算し、課税価格に算入します。

② みなし相続財産

　　民法上は被相続人の財産ではありませんが、被相続人の死亡により受け取ることとなった財産をいいます。代表的なものは以下のとおりです。

㈀ 死亡保険金

　　被相続人の死亡により受け取った死亡保険金のうち、被相続人が負担した保険料に相当する金額

㈁ 死亡退職金

　　被相続人の死亡により受け取った退職金で、被相続人の死亡後3年以内に支給額が確定したもの

第2編　失敗事例から学ぶ相続対策

③　相続時精算課税適用財産

　相続時精算課税制度を選択して被相続人から贈与を受けた財産です。贈与時期に関係なく贈与時の評価額で相続税の課税価格に算入します。

④　非課税財産

　墓地、仏壇、仏具等その財産の性質・社会政策上の見地等から相続税の課税対象とすることが適当でないとされた一定の財産は非課税財産として相続税の課税価格に算入しません。また、みなし相続財産である「死亡保険金」や「死亡退職金」の金額の一部は、非課税財産として課税価格に算入しません。

⑤　債務・葬式費用

　相続（遺贈）により財産を取得した相続人等が負担した被相続人の債務や葬式費用のうち一定のものは、相続税の課税価格の計算上控除することができます。

⑥　相続開始前3年以内の贈与財産（③を除く）

　相続（遺贈）により財産を取得した人が相続開始前3年以内に被相続人から贈与により取得した財産です。贈与時の財産評価額で相続税の課税価格に算入します。

ステップ2　相続税の総額の計算

　相続税の総額は、遺産を誰がいくら取得したかに関係なく、相続人（注1）及び法定相続分ごとに次の方法により計算します。

①　相続人の法定相続分に応じた取得金額

　課税遺産総額を各相続人が法定相続分どおり取得したものと仮定

して各人の取得金額を計算します。

② 各相続人の税額・相続税の総額

上記①で計算した各相続人の取得金額に相続税率を乗じて、税額を計算します。これらの合計額が相続税の総額となります。

注1 ステップ2での「相続人」とは、相続税法で定める法定相続人の数に応じた相続人であり、養子がいる場合や相続の放棄があった場合には民法で定める相続人と異なることがある。

ステップ3 各人の納付税額の計算

実際に取得した課税価格に応じて各人の納付税額を計算します。

① 各人の算出税額

ステップ2で計算した相続税の総額を、実際に取得した財産の課税価格の割合に応じて按分し、財産を取得した人ごとの算出税額を計算します。

$$相続税の総額 \times \frac{各人が実際に取得した財産の課税価格}{課税価格の合計額} = 各人の算出税額$$

② 相続税額の2割加算（算出税額の特例）

財産を取得した人が被相続人の一親等の血族（注2）及び配偶者のいずれにも該当しない場合、上記①の金額にその2割を加算します。

注2 一親等の血族の代襲相続人となった被相続人の直系卑属を含む。
被相続人の直系卑属でその被相続人の養子となっている者は一親等の血族には含まれない（いわゆる孫養子は2割加算の対象）。

第2編　失敗事例から学ぶ相続対策

③　各種税額控除

　　上記①（相続税額の2割加算の対象者は②）で計算した各人の算出税額から「暦年課税分の贈与税額控除」「配偶者の税額軽減」「未成年者控除」「障害者控除」「相次相続控除」「外国税額控除」の金額を減算します。その結果マイナスになった場合は、ゼロとします。

(イ)　暦年課税分の贈与税額控除

　　相続開始前3年以内の贈与財産を加算された人で、加算された財産について贈与時に贈与税の負担があった人が対象です。負担した贈与税のうち一定額が控除されます。

(ロ)　配偶者の税額軽減

　　被相続人の配偶者については、以下の算式で計算された金額が控除されます。これにより配偶者の課税価格が1億6千万円または配偶者の法定相続分相当額のどちらか多い金額まである場合は相続税はゼロになります。

$$相続税の総額 \times \frac{次の(A)(B)のうちいずれか少ない金額}{課税価格の合計額}$$

(A)　課税価格の合計額×配偶者の法定相続分（1億6千万円未満の場合は、1億6千万円）
(B)　配偶者の課税価格に相当する金額

(ハ)　未成年者控除

　　未成年者で一定の人が対象となります。年齢に応じ一定額が控除されます。

(ニ)　障害者控除

　　障害者で一定の人が対象となります。年齢とその障害の程度に

応じて一定額が控除されます。

㈠ 相次相続控除

被相続人が、相続開始前10年以内に開始した相続により財産を取得し、かつ、相続税が課税されていた場合に適用されます。被相続人が負担した相続税のうち、その相続からの年数に応じた一定額が控除されます。

㈥ 外国税額控除

海外で日本の相続税に相当する税が課された国外財産を取得した人が対象です。その海外で課せられた税額のうち一定額が控除されます。

④ 相続時精算課税分の贈与税額控除

相続時精算課税制度による贈与を受けた人で、課税価格に加算された相続時精算課税適用財産の贈与時に贈与税を納付した人が対象です。納付した贈与税額を算出税額から控除し、控除しきれない金額は還付されます。

相続税の申告が必要となる人

上記の方法によって納税額がある人は、相続を知った日から10ヶ月以内に、被相続人の所轄の税務署に申告書を提出し納税しなければなりません。

なお、その被相続人から相続時精算課税適用財産の贈与を受けた人や、小規模宅地等の特例や配偶者の税額軽減など各種税額軽減の適用を受ける人は、納付税額がゼロであったとしても申告は必要です。

第2編　失敗事例から学ぶ相続対策

コラム

「養子」が相続税に与える影響

1　相続税計算上の養子の数の制限

　過去に従業員二十数名を自分の養子に迎え相続税を大幅に減らした、しかし従業員養子には財産は1円も渡さなかった社長さんがいたそうです。その結果、昭和63年12月31日以後に発生した相続から「亡くなった方に実子がいる場合は養子1人まで、実子がいない場合は養子2人まで、相続税計算上認める。」という取り扱いに変わり現在に至っています。

　相続税は、相続人の人数が多いほど少なくなる仕組みであることから、相続税を計算する時に「相続人」としてカウントする養子の数に制限を設けました。なお、人数の制限だけであるため、「相続税において認める養子は誰か」を特定する必要はありません。

　これに対して、民法上、養子の数に制限はありません。20人養子がいれば、亡くなった方の財産を相続する権利を持つ子どもが20人いる、ということです。相続する権利において、実子と養子は同等の扱いです。

　養子を迎えると「相続税計算上の相続人」の数が増えるので、相続税は確実に減少します。例えば、課税価格3億円、相続人が子ども2人のケースで、養子（この養子は孫、曾孫以外の人）を1人加えると（つまり相続人は3人になります）、相続税の総額は6,920万円から5,460万円になり1,460万円減少します。

2　孫を養子にする影響

①　世代の飛び越し

　孫が相続人として財産を引き継ぐことは、相続を1世代パスすることになります。通常であれば、「親から子どもへ」、そして「子どもから孫へ」という順番で財産が引き継がれ、その際相続税というコストを2回支払います。しかし、孫を養子にすれば「親から子どもへ」の順番を飛ばして親から直接孫に財産を渡す「世代飛び越し効果」を得ることができます。

②　通常の相続税の2割増しの税金を負担

　亡くなった方の財産を相続するにあたり養子となった孫は、亡くなった方の子どもが財産を相続するときの相続税の1.2倍の税金を負担します。これを「相続税の2割加算制度」といいます。この制度は、①の世代飛び越し効果によって相続税の課税を1回免れることになるため、相続税負担の調整を図る目的で設けられた制度です。

　なお、これらの影響は遺言によって財産を孫に渡す場合も同様です。

第2編　失敗事例から学ぶ相続対策

41 遺言書を遺したけれども

事 例

　Aさんは長女Bさんと自宅で同居しており、Bさんに介護してもらっていることから次のような遺言書をパソコンで作成しました。Aさんの妻は数年前に亡くなっており、Aさんの家族は、長女のBさん、長男のCさん、二女のDさんです。

> 遺言書
>
> 1 私の所有する自宅を長女Bに相続させる。
>
> 令和2年10月吉日　　　　　　A　　　印

　Aさんが亡くなった後、遺言書を見た長女は、自宅の登記名義をAさんから自分に変更する手続きを依頼するために司法書士のところに遺言書を持参しました。すると司法書士からは、「この遺言書は無効であり不動産の登記はできない。Bさんが一人で所有する為には相続人全員で遺産分割協議を行う必要があります。」と伝えられました。しかし、兄と妹はBさん一人のものにはさせないと反対し、遺産分割協議がまとまりません。

なぜ失敗？

　Aさんは遺言書を自分1人で作成しました。

　これは「自筆証書遺言」という種類の遺言に該当します（P157「参考」参照）。自筆証書遺言は、遺言者が全文と作成日を特定できる日付

152

及び氏名を自署し、これに捺印をしなければなりません。残念ながら、
Ａさんは遺言書全文をパソコンで作成し、日付を吉日としてしまいました。吉日では遺言書の作成日を特定できないため、日付を書いていないものとみなされ、自筆証書遺言の要件を満たしません。結果この遺言書は無効となってしまったのでした。

こうすれば、良かった

　遺言書は民法に定められた要件を満たす必要があり、要件を満たさない場合は無効となってしまいます。

　Ａさんは自分を介護してくれた長女を優遇したかったのですが、遺言書が無効であるため、結局その思いは叶いませんでした。Ａさんは予め専門家へ相談していれば有効な遺言書が遺せたでしょう。そして子どもたちに争いが生じることも避けられたかもしれません。「遺言書らしいもの」は手軽に作成できますが、有効な遺言書かどうか、相続人に与える影響も含め慎重に準備されることをお勧めします。

　なおこの事例では遺言書が無効とされたことから、自宅は法律に定められた持分（法定相続分）の割合で、Ｂさん、Ｃさん、Ｄさんの共有物となります。（P154「参考」参照）Ｂさんが一人で所有するためには、自宅をＢさんが所有する旨のＢさん、Ｃさん、Ｄさんの相続人全員による遺産分割協議が必要です。

153

第2編　失敗事例から学ぶ相続対策

参　考　相続財産を受け取れる人って？

1　亡くなった人（被相続人）の財産を、誰が、どのような割合で相続

するかは、民法で定められています。

誰が

⑴　配偶者

　被相続人の配偶者は、常に相続人になります。ここでいう「配偶者」

は、法律上の婚姻関係にある人を指します。事実婚のパートナーはこれ

に該当しないので相続人になりません。

⑵　配偶者以外の人

　配偶者以外の人は、相続人となる順位が定められています。

　①　子

　　　被相続人の子は相続人になります。被相続人が再婚している場合

　　の前配偶者との間の子や、被相続人と婚姻関係にない人との間の子

　　（婚外子）も、等しく相続人になります。

　　　また、被相続人が亡くなった時点においてその子が既に亡くなっ

　　ていた場合は、その子が相続する分を子の子（孫）や、さらにその

　　子（曾孫）が代わって相続します（代襲相続）。

　②　父母、祖父母

　　　被相続人に、子、孫、曾孫等がいない場合（亡くなっている場合

　　も含む）は、被相続人の父母（父母がいずれも亡くなっている場合

　　は祖父母）が相続人になります。

　③　兄弟姉妹

　　　上記①・②の相続人となる人がいない場合は、被相続人の兄弟姉

154

妹が相続人となります。被相続人が亡くなった時点において兄弟姉妹が既に亡くなっている場合は、兄弟姉妹の子どもが代襲相続します（兄弟姉妹の孫や曾孫は代襲相続しません）。

　兄弟姉妹には、父母のどちらか一方が同じである兄弟姉妹（異父兄弟姉妹・異母兄弟姉妹）も含まれます。

どのような割合で

　配偶者とそれ以外の相続人が相続する場合の各相続人の相続分は、以下のとおりです。

相続人	法定相続分
配偶者と子が相続人	配偶者：1/2 子：1/2 ÷ 子の人数（注1）
配偶者と父母が相続人	配偶者：2/3 父　母：1/3 ÷ 父母の人数（注2）
配偶者と兄弟姉妹が相続人	配偶者：3/4 兄弟姉妹：1/4 ÷ 兄弟姉妹の人数（注3）

注1　子が複数人いる場合の各人の相続分は等しくなります。前配偶者との子や婚外子も、同じ相続分です。

注2　父母が複数人いる場合の各人の相続分は等しくなります。

注3　兄弟姉妹が複数人いる場合の各人の相続分は原則として等しくなります。但し、異父兄弟姉妹・異母兄弟姉妹の相続分は、父母が同じである兄弟姉妹の相続分の1/2です。

２　相続人以外の人に財産を遺したり、法定相続分と異なる割合で財産を相続させたりすることもできます。

(1)　遺言、死因贈与契約

　生前に遺言書を作成したり死因贈与契約を締結することにより、自分の死後に財産を渡す人や分け方を決めておくことができます。

第2編　失敗事例から学ぶ相続対策

　遺言は、自らの死後に自分の財産を誰に・どれだけ残すのかを決めておくために、生前に書き残す意思表示です（P157「参考」参照）。

　死因贈与契約は、贈与者が死亡したときに財産を贈与するために、贈与者と受贈者の間で締結する契約です。

(2)　遺産分割協議

　遺言や死因贈与契約がない場合は、相続人の合意により民法で定められた相続分と異なる割合で遺産を分割することができます。この合意内容を書面にしたものが遺産分割協議書です。

3　相続人もおらず、2で財産を遺された人もいない場合は、裁判所が相続財産を管理する弁護士等を選びます（相続財産管理人）。相続財産管理人は、まず被相続人の債務の返済を行い、次に特別縁故者（事実婚のパートナーや、被相続人の介護等をした親族等）がいれば、その者に対して財産を分与します。その上でなお残った財産については、国庫に帰属します。

参　考　遺言の種類

　近年遺言書を書く方が増えています。後述する公正証書遺言に限っても、作成件数はこの10年（平成21年から平成30年）で1.4倍近くになっています（出典：日本公証人連合会ホームページ）。これは、遺産をめぐる相続人間の争いを避けるため、自分の考えを伝え家族に財産を遺したいと思う方が増えているからでしょう。

遺言とは

　遺言とは、自らの死後に遺産を誰にどのように分配するのかを決めておくために生前に書き残しておく意思表示のことをいいます（注1）。

　遺言は法的効力を生じさせるものであり、民法で定められたルールに従って作成する必要があります。

注1　遺言には財産に関する事項の他、子の認知等の身分上の事項を記載することもできる。

遺言の種類

　遺言には、自筆証書遺言、公正証書遺言および秘密証書遺言の3種類があります（注2）。

注2　他に死が差し迫っている場合等の緊急事態にする特別な遺言の方式がある。

(1)　自筆証書遺言

　自筆証書遺言は、遺言者が遺言の全文と日付を自書し、署名・押印して作成する遺言です。

　自筆証書遺言は、遺言者本人のみで作成できるため、公証人と面談する手間や費用を抑えることができ、本人以外に遺言の存在と内容を知られないようにしておくことができます。

第2編　失敗事例から学ぶ相続対策

　ただし、欠点として①日付の記載を忘れる等の要件不備により無効となる可能性があること、②相続人間で遺言の有効性をめぐる紛争が生じやすいこと、③偽造・変造や紛失・盗難・破棄される危険があること、④遺言書を見つけられない可能性があること、⑤遺言書の内容を実行するのに家庭裁判所での検認手続（注3）が必要であることが挙げられます。

　なお、遺言書すべてを自書するのは遺言者にとって負担となるため、平成31年1月13日より、自筆証書遺言のうち財産目録部分については、パソコン等で作成したものを添付することができるようになりました。ただし、偽造・変造防止の観点から財産目録の各ページに署名・押印をしなければなりません。

注3　相続人に遺言の存在と内容を知らせ、遺言書の形状・日付・署名等遺言書の内容を明確にして、相続発生後の遺言書の偽造・変造を防止する手続。

(2)　公正証書遺言

　公正証書遺言は、遺言者が公証人に遺言の趣旨を伝え、公証人が作成する遺言です。

　法律の専門家である公証人が関与して作成するため、形式や内容の面での不備が少ないと言えます。また、公証役場で保管されるため、偽造・変造や紛失・盗難・破棄の危険はありません。さらには、家庭裁判所での検認手続も不要です。

　ただし、作成にあたって公証人と面談する必要があり手間がかかること、作成手数料がかかることが欠点と言えます。

(3)　秘密証書遺言

　秘密証書遺言は、遺言書を遺言者本人が作成し、遺言の存在のみを公証人に証明してもらう遺言です。

遺言書が間違いなく遺言者本人のものであることを明らかにしておきながら、内容を誰にも知られずに作成することができます。また、公証人が関与しますので遺言書の偽造・変造の恐れは少なくなります。

ただし、欠点として①公証役場が遺言書を保管するわけではないので、紛失・盗難・破棄のリスクや遺言書を見つけられない可能性が残ること、②公証人が遺言書の内容を確認するわけではないので遺言書の有効性が問題となる可能性があること、③家庭裁判所での検認手続が必要であることが挙げられます。

自筆証書遺言書保管制度

令和2年7月10日より、自筆証書遺言書保管制度が始まりました。自筆証書遺言による遺言書は自宅で保管されることが多く、遺言書の偽造・変造や紛失・盗難・破棄のリスクがありました。本制度では、公的機関（法務局）で遺言書を保管することにより、自筆証書遺言の欠点であったこれらのリスクがなくなり、また家庭裁判所での検認手続も不要となりました。ただし、自筆証書遺言であることには変わりありません。保管の際に形式（要件）を満たしているかどうかの確認（全文、日付および氏名の自書や押印の有無等の確認）は行われるものの、遺言の内容が不明確なため相続手続きで使用できない等遺言書の有効性が問題となる可能性は残ります。

遺言の活用方法

遺言書を書いておけば、遺言者の意思が尊重されやすくなり、相続をめぐる紛争の防止に役立ちます。また、相続人間で遺産分割協議をする必要がなくなり、相続手続きの負担が緩和されます。

どの種類の遺言にするかは状況にもよりますが、相続人の数が多かっ

第2編　失敗事例から学ぶ相続対策

たり、相続人間で既にトラブルを抱えている等、相続をめぐる争いが生じるおそれがあるときには、公正証書遺言を残しておくと、法的な安定性が高いことから安心です。一方で、相続をめぐる争いのおそれがない場合には、保管制度を利用して自筆証書遺言を作成すれば費用と手間が抑えられ、相続人の手続負担を軽減できます。

（遺言の種類の比較表）

	自筆証書遺言	公正証書遺言	秘密証書遺言
作成の手間	少ない	多い	多い
費用	不要	1万6,000円～財産の価額による（次ページの表参照）	1万1,000円
有効性が問題となる可能性	高い	低い	高い
偽造・変造や紛失・盗難・破棄の恐れ	高い（保管制度の利用により低くなる）	低い	偽造・変造の恐れは低い（紛失・盗難・破棄の恐れは高い）
家庭裁判所での検認手続き	必要（保管制度利用の場合は不要）	不要	必要

（公証人手数料令第9条別表）

遺言の目的である財産の価額	手数料
100万円以下	5,000円
100万円を超え200万円以下	7,000円
200万円を超え500万円以下	1万1,000円
500万円を超え1,000万円以下	1万7,000円
1,000万円を超え3,000万円以下	2万3,000円
3,000万円を超え5,000万円以下	2万9,000円
5,000万円を超え1億円以下	4万3,000円
1億円を超え3億円以下	4万3,000円に超過額5,000万円までごとに1万3,000円を加算した額
3億円を超え10億円以下	9万5,000円に超過額5,000万円までごとに1万1,000円を加算した額
10億円を超える場合	24万9,000円に超過額5,000万円までごとに8,000円を加算した額

　具体的な手数料の算出には、下記の点に留意する。

⑴　財産の相続または遺贈を受ける人ごとにその財産の価額を算出する。

⑵　⑴を上記基準表に当てはめて、その価額に対応する手数料額を合算する。

⑶　⑵で合算した額が1億円以下のときは、1万1,000円を加算する。

⑷　一定のページ数以上となるときは1ページにつき250円の手数料を加算する。

⑸　その他、公証人が出張する場合等手数料が加算される場合がある。

第２編　失敗事例から学ぶ相続対策

42　毎年コツコツ子どもや孫に内緒で贈与

事例

　Ａさんは、相続税対策として子どもや孫に毎年現金を贈与していました。

　Ａさんは、ちゃんと記録が残るようにと子どもや孫名義の銀行口座を開設し、毎年110万円ずつその口座に送金していました。

　子どもや孫に贈与を知らせて通帳を渡すと無駄遣いされるのでは、との思いから、子どもや孫に贈与のことは内緒でした。子どもや孫名義の通帳と印鑑はＡさんが保管・管理をしていました。

　その後、Ａさんに相続発生。相続税申告後に行われた税務調査で「子ども・孫名義の預金はＡさんの財産であり相続税の対象。」と指摘されました。

なぜ失敗？

　税金の世界では、財産の所有者は「名義」ではなく「実態」で判断します。子どもや孫名義の預金であっても、預金の真の所有者がＡさんであると認められる場合にはＡさんの相続財産として相続税が課税されます。

162

こうすれば、良かった

　事例では、相続税の税務調査でＡさんの贈与がなかったことにされてしまいました。子どもや孫に贈与を行う時は、贈与が有効に成立しているか否か、以下の点に注意する必要があります。

① 　子どもや孫が贈与を認識しているか

　贈与は相互認識によってはじめて成立します。あげた人が「あげた」認識であり、もらう人が「もらった」認識であることが必要です。

　もらった人が財産をもらったことを知らないのでは贈与は成立しません。今回の事例であれば、Ａさんが子どもや孫に贈与のことを内緒にせず、「今年は各人に110万円現金贈与するよ」と話した上で贈与します。さらに確実に贈与の証拠を残すのであれば、贈与契約書もきちんと用意したほうがいいでしょう。

② 　通帳と印鑑は子どもや孫各人が保管・管理しているか

　子どもや孫が自分で印鑑・通帳を管理することも重要です。贈与が成立しているか否かは、贈与財産の実質的な所有者が移転しているか否かによっても判断されます。なお、子どもや孫が未成年者で財産を管理できない時は、親権者がその管理をします。例えば、父が未成年の子どもに現金贈与する場合、母が親権者として子どもの通帳・印鑑を管理すれば良いでしょう。

第２編　失敗事例から学ぶ相続対策

43　10年前の現金贈与　贈与税申告しなかったけれど時効成立？

事　例

　Ａさんは10年前に土地売却で得た現金の一部、500万円を長男名義の銀行口座を開設し預け入れていました。しかしこの現金について「Ａさんから長男に対する贈与である」とする書面もなく、また贈与税申告・納税もしていませんでした。

　10年後にＡさんに相続が発生しました。このとき10年前の長男に対する500万円の預入れについて、この500万円は長男の財産であるとして、Ａさんの相続税申告書には計上しませんでした。当時の贈与税については時効が成立していると考えたからです。

　しかし、Ａさんの相続税申告後に行われた税務調査では「長男名義の預金500万円（プラス利息）はＡさんの財産であり相続税の課税対象」と指摘され、相続税がかかることになりました。

なぜ失敗？

　贈与という行為が成立するには、贈った側と受け取った側相互の認識が必要です。

　税務署からは「長男が贈与を受けたと認識していたら贈与税の申告をするのが一般的であり、今回の500万円について長男は当時贈与を受けたと認識していないのではないか。」と指摘を受けたのでした。

　10年前に贈与が成立していれば贈与税の申告・納税漏れは時効になっ

164

ています。しかし、本事例では「長男名義の500万円」は父の財産です。名義借りには時効はありません。贈与そのものがそもそも成立していないのですから、相続財産に含められることになったのでした。

こうすれば、良かった

贈与が成立していることを説明できる証拠を残しておくことが大切です。

① **贈与契約書を作成する**

贈与契約書（双方の自署、捺印）を作成しておくことで、贈与があったことの証拠を残すことができます。

② **贈与税申告・納税を行う**

贈与税基礎控除額（年間110万円）を上回る贈与である場合には、贈与を受けた本人は贈与税の申告・納税をする必要があります。

第2編　失敗事例から学ぶ相続対策

コラム

連年贈与は認められない？

　毎年同じ金額の現金贈与が繰り返し行われている場合でも、金額が同額であることだけを理由に贈与が否認されることはありません。

　その年ごとに贈与の意思決定が行われ、その年ごとに贈与が完結（贈与者と受贈者の意思確認と贈与の実行）していれば、単年ごとの独立した贈与として取り扱われます。

　一方「今後10年間、毎年100万円ずつ贈与する」と事前に約束して行われる贈与は、約束時点において一括贈与されたとみられるおそれがあります。

　例えば金融機関などでは、毎年暦年贈与を行いたい人向けに受贈者・贈与者の意思確認や送金のサービス、毎年の贈与契約書の作成支援のサービスを行っているところもあります。

第2編　失敗事例から学ぶ相続対策

44 使い切らなかった教育資金贈与

事例

　Aさんは、子・孫・ひ孫へ教育資金を非課税で贈与できる制度があると聞き、大学進学を希望している高校1年生の孫に1,500万円の教育資金を一括贈与し、銀行の教育資金贈与専用の口座に入れました。孫は高校卒業後、国立大学に進学し、その際の入学金や授業料は、この口座から支払われました。

　30歳になった孫は、教育資金口座に残っている1,000万円に対し177万円の贈与税を支払うこととなりました。

なぜ失敗？

　Aさんは「かわいい孫が、将来どんな道にも進めるよう、たとえば学費の高い医学部を希望してもいいように」と非課税限度額である1,500万円を贈与しました。実際には孫は学費の安い国立大学に進学し教育資金口座から支出した教育費は500万円にとどまったため、使い切らなかった教育資金1,000万円は残ってしまいました。

　教育資金の一括贈与は、30歳未満の子・孫・ひ孫などへ教育資金を一括で贈与した場合に、1人あたり1,500万円まで贈与税が非課税になる制度です（金融機関等で教育資金口座の開設手続などが必要です）。しかし、すべてが非課税になるわけではありません。受贈者（今回のケースは孫）が原則として30歳までに使い切らなかった教育資金については、

168

30歳となる年に一括で贈与を受けたとして贈与税が課税されます。

こうすれば、良かった

　教育資金の一括贈与は、一度贈与してしまうと取り消すことはできません。また用途については教育に関係するものに限定されます。贈与額を決定する際、単に「限度額の1,500万円」「余裕をもって1,000万円」などとせず、贈与時の受贈者の年齢や一部を分割して贈与することなども検討し、教育資金として使い切れるだけの額を贈与してもよいでしょう。

　例えば、今回の事例は孫が高校1年生なので、まず大学進学に必要であろう500万円を贈与し、その後さらに教育費がかかることになったときに追加で贈与するとよかったかもしれません。事例のように教育費が500万円で足りるようであれば、残りの現金は贈与しないこともできます。残りの現金についても贈与をしたい場合には、一括で贈与するのではなく、暦年贈与を活用し何年かにわけて贈与をすると贈与税の負担は軽くなります。

　教育資金の一括贈与は、受贈者が30歳になる前に贈与者が死亡した場合、原則として教育資金の残額に相続税は課税されません。

　なお、教育資金の一括贈与と同様の制度に、結婚・子育て資金の一括贈与の非課税制度もあります。

　ちなみに、祖父母などから孫などへ通常必要と認められる生活費・教育費を必要な都度贈与した場合は、そもそも贈与税は非課税となっています。

第2編　失敗事例から学ぶ相続対策

45　相続税対策になるから、空き地にはアパートを建てよう…

事例

　地主Aさんは何も活用していない土地を5か所持っていました。固定資産税の負担も重いので有効活用するために、また相続税対策にもなると思い、空き地5か所すべてに借金をしてアパートを建築しました。

　その後アパートに空室が目立つようになりました。家賃収入が想定水準に達せず、Aさんはアパート建築のため行った借入金返済の資金繰りに悩む日々を送ることになりました。また、空室によりアパートの相続税評価額が想定よりも高くなってしまいました。

なぜ失敗？

　空室が発生すれば、当然、家賃収入が減少し資金繰りが悪化します。また、アパートを賃貸することで相続税評価額は減少しますが、空室部分にはその減額が適用されないため、空室がある場合はその分相続税評価額が高くなります。

こうすれば、良かった

　アパートを建築する前に事業としてのアパート賃貸が成り立つかどうかの検討が必要です。まず空室リスクも踏まえて効果を見積もらなけれ

170

ばなりません。

① 不動産事業が成り立つかの検討

建築する建物は何が良いか、アパート、テナントビル、倉庫、老人ホーム等、その土地の地域性・今後の人口動向、周辺地域の賃貸事情等々検討項目は多岐にわたるため、信頼できる専門家に相談すると良いでしょう。

② 空室リスクも考慮し、借金に見合う価値があるかを検討

空室が出ると効果は減少しますが、それでも賃貸できている割合に応じて、相続税評価額は減少します。借金をしてアパートを建築する場合は、相続税評価額の減少効果と、アパート賃貸事業そのもののリスクを総合的に検討した上で実行することが必要です。

第2編　失敗事例から学ぶ相続対策

46 「借金すると相続税が減る」と思い込み…

事例

　借金をして空き地にアパートを建築したＡさん。

　建築資金の借入の返済は順調に進み、そろそろ全額が返済できそうです。「借金がないと相続税が増えるので、また借金しなくては。１億円借金して、またアパートを建てようか…」とソワソワ…。

なぜ失敗？

　新たに借入れをすることは相続税に影響しません。

　相続税は、プラスの財産とマイナスの財産（借金）をあわせた正味財産に対して課税されます。借金をしてもその借金によって同額の現金が増えるため、正味財産の額には変化はありません。

　ただし、借金をして、それをどのように活用するかで、相続税額に変化が生じます。

　以下は、現金5,000万円と土地１億円（相続税評価額）を持っている人が、自己資金でアパートを建てる場合と借金をしてアパートを建てる場合との正味財産の相続税評価額を比較した表です。

①自己資金で5,000万円のアパートを建築する場合

	建築前	建築後
現　金	5,000万円	0
建　物	―	2,450万円（注1）
土　地	1億円	8,200万円（注2）
合　計	1億5,000万円	1億650万円

②-A 5,000万円の借金で5,000万円のアパートを建築する場合

	建築前	建築後
現　金	5,000万円	5,000万円
借　金	―	▲5,000万円
建　物	―	2,450万円（注1）
土　地	1億円	8,200万円（注2）
合　計	1億5,000万円	1億650万円

②-B 1億円の借金で1億円のアパートを建築する場合

	建築前	建築後
現　金	5,000万円	5,000万円
借　金	―	▲1億円
建　物	―	4,900万円（注1）
土　地	1億円	8,200万円（注2）
合　計	1億5,000万円	8,100万円

注1　建物の固定資産税評価額は建築価格の70％とし、貸家割合
　　　は30％の貸家として評価
注2　借地権割合60％、貸家割合30％の貸家建付地として評価

　上記①と②-Aは、どちらも建築後の相続財産の評価額が4,350万円減
少しています。これは土地や建物の相続税法上の評価額は、時価よりも
低い場合が多いためです（土地は路線価など、建物は固定資産税評価額
によって評価されるため）。賃貸している場合は借地権や借家権が考慮
されるため、評価額はさらに下がります（P176「コラム」参照）。
5,000万円のアパートを建築する場合では、自己資金で建築した場合で

第2編　失敗事例から学ぶ相続対策

も借金で建築した場合でも効果は同じとなります。

　一方②-Bのように、1億円の借金で1億円のアパートを建てると、①や②-Aよりも評価額は低くなります。

こうすれば、良かった

　借金をしてアパートを建築するのであれば、それに見合うメリットがあるかどうかの慎重な検討が必要です。

　借金そのものに意味があるのではなく、借金をしてどれだけの規模の不動産を購入するかによって相続税の計算に与える影響が変わってきます。

　借金をして高額なアパートを建築するのであればそれだけ正味財産の評価額が減少しますが、不動産事業としての採算性、市況などを慎重に検討し、借金に見合うメリットがある場合に実行するのが良いと考えます。

第2編　失敗事例から学ぶ相続対策

コラム

アパート建築が相続対策になるわけ

2億円の現金を持っているＡさんが、1億円の土地を購入し、その土地に建物1億円のアパートを建築した場合の建築前、建築後の相続税評価額は次のようになります。

	アパート建築前	アパート建築後	
		空室なし	空室率50%
現　　金 建　　物 土　　地	2億円	 4,900万円 6,560万円	 5,950万円 7,280万円
合　　計	2億円	1億1,460万円	1億3,230万円

相続税評価額（土地・建物いずれも購入価格は1億円）
　建物：固定資産税評価額を購入価格の70％（7,000万円）とする
　土地：路線価を購入価格の80％（8,000万円）とする
　借地権割合：60％、借家権割合：30％とする。

空室なしの場合
　建物：7,000万円×（1－30％）＝4,900万円
　土地：8,000万円×（1－60％×30％）＝6,560万円

空室率50%の場合
　建物：7,000万円×（1－30％×（1－50％））＝5,950万円
　土地：8,000万円×（1－60％×30％×（1－50％））＝7,280万円

　アパートの空室がない場合、現金のまま2億円を持っているよりも8,540万円も相続税評価額が低くなっています。その理由は次の通りです。

①　路線価評価額、固定資産税評価額による影響

　土地の相続税評価額は、購入金額の1億円ではなく「路線価」を基礎として評価されます。「路線価」は一般的な土地取引価格の指

標である「地価公示価格」に比べて8割程度の金額となっています。このため、1億円で購入した土地は、「路線価」で評価すると購入価格よりも低くなります（なお、土地の所在地によっては、路線価ではなく固定資産税評価額を基礎に評価することもあります）。

建物についても、その相続税評価額は建築価格の1億円ではなく、「固定資産税評価額」を基礎に評価されます。「固定資産税評価額」は一般的に建築代金の6～7割程度になることが多いようです。

② 貸家建付地、貸家

土地の上にアパートを建てて賃借人が入居すると、その土地は「賃貸不動産の敷地（貸家建付地）」に変わります。この状態の土地は、借家人がいることによって土地の利用が制限されるという観点から、相続税評価額が減額されます。なお、減額率は地域によって変わります。

建物についても、賃借人が入居すると「貸家」に変わります。この状態の建物は、借家人がいることによって建物の利用が制限されるという観点から、相続税評価額が30％減額されます。

③ 空室がある場合

土地と建物の貸付による評価減は、空室状態が一定期間以上続いている部分については適用されません。そのため空室率が高いほど相続税評価額は高くなります。

第2編　失敗事例から学ぶ相続対策

47　二世帯住宅の登記の方法を深く検討しなかったために…

事例

　父の土地の上に父と長男が二世帯住宅を建て、父は1階に1人で、長男夫婦は2階に住もうと考えています。

　それぞれが出す建築資金を明確にしておきたいため、建物の1階を父の単独名義、同じく2階を長男の単独名義とする「区分所有登記」としました。

　長男は同居しているから父に相続があったときには父所有の自宅敷地について相続税の特例である「小規模宅地等の課税価格の計算特例」を使えるだろうと考えていましたが…。

なぜ失敗？

　父に相続が発生しましたが自宅敷地には特例が使えず、相続税は高くなりました。

　自宅敷地については、最小限の居住の継続を守るために一定要件を満たすと、330㎡（100坪）までの部分について相続税評価額を80%減額する特例（P214「参考」参照）があります。これは、同居親族が対象となる土地を相続し、居住継続などの要件を満たせば、特例を受けることができます。

　二世帯住宅に住む父と長男の思いは同居でしょうから特例を受けられるように思えますが、「区分所有登記」されている場合は、同居してい

ると扱われず原則として特例を受けられません。

こうすれば、良かった

　二世帯住宅を「区分所有登記」ではなく、「共有登記」にしておくべきでした。登記の方法が異なるだけで自宅敷地に対する「小規模宅地等の課税価格の計算特例」の取り扱いが全く異なってしまいます。

　二世帯住宅の建物の構造、例えばドア・玄関の数・内階段の有無は、小規模宅地等の特例の要件である「同居しているかどうか」の判断に関係ありません。

　建物の構造が全く同じでも、「区分所有登記」であればそこに住む家族は同居していると取り扱われず、「共有登記」だと同居していると取り扱われます。つまり、「区分所有登記」であれば80％減額ができず、「共有登記」であれば330㎡（100坪）までの部分を80％減額ができるということになります。

　建物を建てるときに、建物のつくりや内装にこだわるあまり、登記については深く気にとめずに、なんとなく「区分所有登記」にしてしまうケースが多いと思われます。たかが登記ですが、されど登記なのです。

　「小規模宅地等の課税価格の計算特例」においては、たとえ住民票上の住所が同じでも実際に親子が一緒に住んでいるという生活実態がなければ、同居と取り扱われませんので、くれぐれもご注意ください。

第２編　失敗事例から学ぶ相続対策

48　70歳になって死亡保障の生命保険が すべて期限切れ…

事例

　Aさんは自分に万一があった時のことを考えて過去に色々な生命保険に加入していました。

　しかし、65歳までの定期保険が保障切れとなり、70歳満期の養老保険の満期保険金を受け取ったため、全て死亡保障がなくなりました。子どもは既に一人立ちしているため、Aさんは新たに生命保険に加入しませんでした。

　その後Aさんに相続が発生し、相続税が課税されました。

なぜ失敗？

　この事例では相続税の計算において「死亡保険金の相続税非課税限度額」を活用できず、その結果余分な相続税を払うことになった点でちょっともったいない事例です。

こうすれば、良かった

　最近は、生涯保障の終身保険や死亡保障の期間が相当長い生命保険に加入する人が増えてきました。しかし、以前は65歳までを保障する定期保険や70歳を満期とする養老保険等に加入する人が多く、その場合には無事に65歳や70歳を迎えると死亡保障が切れてしまい、死亡保障が全く

180

ついていないことになります。

　死亡保障が切れた時に、新たに生命保険に加入するか否かは思案のしどころです。「高齢になって新たに加入する生命保険の保険料は高い」「子供は既に一人立ちしたので、自分に万一が起きた場合の保障は不要である」と考え加入しないケースも多いようです。

　しかし、「死亡保険金の相続税非課税限度額」は税制上認められている非課税規定ですので、これの活用も検討してみてはどうでしょうか。

　例えば、相続人が妻・長男・二男の3人の場合は、死亡保険金の相続税非課税限度額は500万円×3人＝1,500万円です。被相続人である夫が生前に生命保険に加入せず1,500万円の現金を保有した状態で相続を迎えると、その現金1,500万円は相続税の対象です。これに対して、現金1,500万円を保険料として払い込み死亡保障の生命保険に加入すると、仮に死亡保険金が1,500万円とした場合、この死亡保険金（現金）1,500万円は相続税非課税であり、税金は全くかかりません。

第２編　失敗事例から学ぶ相続対策

49 税負担が軽くなる死亡保障の生命保険とは

事例

　Ａさんの相続人は子ども３人です。自分に万一があったときの子どもの生活保障として死亡保障１億円の生命保険に既に加入済みです。

　もう少し死亡保障を厚くしようと新たな生命保険の加入を検討し、「契約者Ａ・被保険者Ａ・保険料負担者Ａ」の生命保険に加入しました。

　Ａさんに相続が発生し、相続税が課税されました。

なぜ失敗？

　Ａさんの相続発生によって支払われる死亡保険金は、保険料負担者がＡさんであるため相続税の課税対象となります（ただし、相続人が受け取る死亡保険金のうち「500万円×３人＝1,500万円」は相続税非課税）。

　Ａさんの相続財産に追加加入した生命保険の死亡保険金が加算され、その死亡保険金に相続税の最高税率55％が適用されてしまいました。

こうすれば、良かった

　Ａさんがもともと加入していた保険と追加で加入した保険は「パターン１」にあたります。

182

契約形態によって変わる死亡保険金の税金

パターン	契約者 (保険料負担者)	被保険者 (被相続人)	受取人	対象となる税金
1	父	父	子	相続税
2	子	父	子	所得税・住民税
3	母	父	子	贈与税

　「パターン2」は、父親に万一があった場合に備えて、子が生命保険契約を締結し保険料を支払うというものです。父親に万一があった場合の死亡保険金の受取人は子です。追加で加入した生命保険が上記表中の「パターン2」であれば、その死亡保険金にかかる税金は相続税ではなく子の一時所得として所得税（＋住民税）となっていました。この場合死亡保険金から支払保険料を控除した金額の2分の1に課税されます。その税負担は通常の給与などに比べて低く、最高でも所得税・住民税合計で27.97％の税率となるので、相続税の税率55％と比べて少ない税負担となったはずです。

　「パターン3」は、父親に万一があった場合に備えて、母親が生命保険契約を締結し、保険料を支払い、保険金の受取人は子となります。このときにかかる贈与税は通常高額となるので、あまり実用的とはいえません。

　契約形態によって課税の種類は異なるため、どのような契約形態で生命保険に加入するかを確認し、税引後の手許資金の最大化を検討していくことが大切になります。

第2編　失敗事例から学ぶ相続対策

> **コラム**
>
> ## 保険料の負担方法
>
> 　事例49で紹介した「契約者　子ども・被保険者　父・保険料負担者　子ども」の生命保険に加入したいが、子どもには保険料の資金負担能力がない、といったケースの対応策です。
>
> 　その方法は、親が子どもに毎年保険料相当額の現金を贈与し、子どもがその現金で毎年保険料を支払うというものです。これにより毎年の現金贈与で相続財産が減少するため相続税が軽減され、かつ、死亡保険金の税負担も少なくなります。
>
>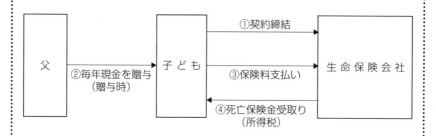
>
> **注意点：生命保険料の負担者の判定**
>
> 　生命保険は、被保険者が同一人であっても契約者と受取人を誰かにするかによって、死亡保険金に対してかかる税金の種類（相続税・贈与税・所得税）が異なります。また、契約者以外の人が保険料を負担している場合には、その実態に着目して、つまり、契約者ではなく実質の保険料負担者に着目して税金の取り扱いを決定します。
>
> 　そこで、昭和58年9月に国税庁から各税務署あてに「生命保険料

の負担者の判定について」という事務連絡が出されました。

　保険料の支払能力がない子どもを契約者及び受取人とする生命保険契約を親が締結した場合において、保険料の負担者は子どもであり、かつ、その保険料の原資は親から贈与を受けた現金である旨につき、子どもから主張があったときは、①毎年の贈与契約書、②過去の贈与税申告書、③所得税の確定申告書における生命保険料控除の状況、④その他贈与の事実が認定できるもの、などから事実関係を検討のうえ、贈与事実の心証を得られたものは、これを認めるものとする、という内容です。

　つまり、親が子どもに現金贈与した事実があり、その事実を説明できる場合には、当該契約は子どもが保険料を負担した契約であり、その子どもが受け取った死亡保険金は「所得税・住民税」の対象となります。

第2編　失敗事例から学ぶ相続対策

50 相続発生直前に預金口座から現金を引き出しておかねば…

事 例

　Aさんの妻は、Aさんの相続発生が近いと感じ、預金口座から急いで現金を引き出しました。口座名義人が死亡したことを銀行に知られてしまうと口座が凍結されて自由に現金を引き出すことができなくなることを心配したためです。また、これによって相続税の対象となる預金を減らせるのではないか、とも考えました。

なぜ失敗？

　現金を引き出しただけでは相続税は減りません。

　例えば、Aさんの預金1,000万円のうち相続開始直前に200万円を引き出し、その後50万円使ったところで相続が発生したとします。この場合、Aさんの相続財産はどうなるでしょうか。

　「預金800万円（相続開始時の残高証明書の金額）、現金150万円」がAさんの相続財産です。Aさんの預金口座に現金がないからといって相続財産から除外されるわけではありません。

　亡くなる直前に預金口座から多額の現金が引き出されていると、税務調査では、その現金がどこにあるか、何につかわれたのかを調査します。

　税務署の最大の関心は引き出された現金がきちんと申告されているかです。引き出した後相続開始までに使われず残った現金は相続財産です。

186

こうすれば、良かった

　亡くなる直前に預金口座から多額の現金を引き出した場合には、相続時点で残っている金額を現金として申告します。亡くなるまでに使った金額はその使途をメモしておきます。

　Aさんの妻は、相続が発生すると現金を引き出せなくなることを心配していましたが、きちんと手続きをすれば引き出すことができます。ここでは、相続が発生したあとの預金口座の取り扱いと引き出し手続きについて説明します。

　相続が発生すると、被相続人の預金口座は相続人全員の共有財産となります。遺産分割が成立すれば、その預金口座は相続発生時まで遡って相続する人の所有財産となるので、その間に発生した利息などもその相続人の財産となります。

　遺産分割が成立するまでの間にお金が必要になったときは、相続人全員が署名・捺印（実印）した「金融機関所定の用紙」に全員の印鑑証明書を添付し提出することでお金を引き出せます。この際、被相続人の戸籍謄本（生まれた時から亡くなった時までの戸籍謄本）も提示します。金融機関は法律で定められた相続人の範囲を戸籍謄本で確認の上、相続人の全員の同意がある場合に限り、預金の引き出しに応じることになります。

　なお、各相続人は、一定の金額までは、他の相続人の同意がなくても単独で引き出すことができます（遺産分割前の相続預金の払戻し制度）。

第２編　失敗事例から学ぶ相続対策

51　連帯保証債務を把握していなかったために

事例

　オーナー経営者Ａさんに相続が発生しました。

　Ａさんは自ら会社を立ち上げ一時は順調に業績を伸ばしてきたものの、最近は競争激化で赤字が続き債務超過になっています。Ａさんの配偶者Ｂさんは専業主婦、長男Ｃさん・長女Ｄさんは会社員をしており会社の状況は誰も把握していませんでした。

　相続発生後、Ａさんの個人財産としては自社株と2,000万円の預金があることがわかりました。しかし、会社については家族の中に事業を承継する者がおらず、やむを得ず会社の清算手続を進めたところ、金融機関から、Ａさんが負っていた「会社の借入金１億円に対する連帯保証債務」について、Ｂさん・Ｃさん・Ｄさんに請求するとの通知書が届きました。

なぜ失敗？

　相続が発生した場合、相続人は財産のみならず債務も承継します。債務も承継の対象に含まれますので、連帯保証債務１億円は、法定相続分に応じて、配偶者が5,000万円、長男、長女がそれぞれ2,500万円を承継します。配偶者・長男・長女は、Ａさんから相続した財産を換金して返済に充てることもできますが、不足が生じるとそれぞれ自身の財産（預金、不動産等）をもって返済に充てる責任を負うことになります。

こうすれば、良かった

　配偶者・長男・長女は、相続発生前に会社の状況やＡさんが連帯保証債務を負っている金融機関・保証金額をよく確認しておくべきでした。また、Ａさんは、少なくともこれらのことを家族に伝えておくべきでしたし、生前に廃業するという選択肢もあったかもしれません。

　相続人が相続発生後に考えなければならないのは、相続放棄（財産も債務も承継しない）、限定承認（財産の範囲内で債務を承継する）、単純承認（財産も債務も承継する）のいずれを選択するか、です。この判断は相続発生を知ってから３ヶ月以内にしなければなりません。相続発生後に考えるには短い期間であるため、前もって準備しておくことが重要です。

　なお、３ヶ月というのは相続放棄や限定承認を家庭裁判所に申し立てることができる期間であり、この期間を過ぎると単純承認したことになってしまいます。財産と債務のどちらが大きいか把握できない場合には家庭裁判所に申し立てることにより相続放棄・限定承認の申立期間を延長することができます。

　本事例で債務が財産より大きいと分かっていれば相続放棄する方法がありました。ただし、例えば遺産分割協議をして財産を承継したような場合には、その時点で単純承認したとみなされ、以後は相続放棄できなくなりますので注意が必要です。

第2編　失敗事例から学ぶ相続対策

52　財産を申告しなかったために…

事 例

　Aさんに相続が発生しました。Aさんが借りていた貸金庫を相続人（妻と長男・長女）が開けたところ、そこには、3人それぞれの名前の預金通帳と印鑑が保管されていました。「お父さんが私たちのために、内緒で作ってくれていた預金」に喜んだ3人は、早速それぞれの通帳と印鑑を持ち帰りました。預金の名義はAさんのものではなかったので、相続税申告の際にはこれを含めず、また申告書を作成した税理士にもこの事実を告げませんでした。

なぜ失敗？

　相続申告後にAさん宅に税務調査が入り、この「内緒でお父さんが作ってくれていた預金」は、いわゆる「名義預金」だから相続財産に含め、相続税を払わなくてはいけなかったという指摘を受けました。さらにこの「名義預金」について、そもそも相続財産に含めるべきだと知っていたのに、わざと申告しなかったのではないか、それはすなわち「仮装・隠蔽行為」なので、加算税の中でも税率の高い、重加算税というペナルティがかかるといわれました。

190

こうすれば、良かった

　税金の世界では、財産の帰属は名義上の所有者でなく実質の所有者で判断します。預金の名義人が亡くなった人（＝被相続人）でなくても、その預金が被相続人の財産から形成されていて、管理処分の権限が被相続人に帰属していれば、相続財産です。最初から税理士に相談して、きちんと申告していれば、余計な加算税や延滞税を払わずにすみました。

　同様なことは株式でもおこります。亡くなった人が、過去に配偶者や子供の名義で株式を購入していたものがそのまま残っていたり、会社オーナーであれば設立の際に子供の名前で出資をして、子供を株主としている例が多くあります。いずれも実際にお金を出したのが被相続人であれば、「名義株」として税務署に認定されるリスクがあります。

　「名義預金」「名義株」かどうかは、お金の出所、実際にその財産を管理していたのは誰か、処分権限は誰にあるのか、という点から判断されます。預金であれば「預金を開設したのは誰か」「預金の存在を名義人である子供や配偶者は知っていたか」「通帳やキャッシュカード、印鑑は誰が管理していたか」、株式であれば「配当は誰がもらっていたか」「証券会社とやり取りをしていたのは誰か」などが基準になります。

　税務調査の際に「名義株」や「名義預金」と知っていたのに、相続財産に含めなかったという判断がされると、「仮装・隠蔽行為があった」として通常より重い重加算税がかかったり、延滞税のかかる期間が長くなったりします。相続税の申告をする際には、「名義預金」「名義株」に該当するかもしれないという財産があったら、申告をする税理士によく相談しましょう。

第2編　失敗事例から学ぶ相続対策

コラム

相続税の税務調査とは

1．一般家庭にもやってくる、相続税の税務調査とは

　相続税の申告を提出して半年から3年くらいの間に、税務調査が入ることがあります。会社を経営している方や個人事業を営んでいる方は法人税や所得税の税務調査を受けた経験があるかもしれませんが、一般家庭では税務調査を受けるのは初めてという場合が多いでしょう。

　税務調査の目的は「申告納税制度において、正しく申告をしている方と、そうでない方との間の公平を図るため」といわれています。従って相続税の税務調査では、「亡くなった方（被相続人）の財産すべてが、正しく申告されているか」という観点から、調査が行われます。ちなみに、国税庁HP（注）によると、平成30年分（平成30年11月1日から令和元年10月31日）において提出された相続税申告書が約11.6万件に対し、平成30事務年度（平成30年7月1日から令和元年6月30日）税務調査の件数は約1.2万件、タイムラグはありますが、10件のうち1件は税務調査があるといえそうです。

2．税務調査の結果はどうなる？

　税務調査では正しく申告されていることが確認されたらそれで終わりですが、申告すべき財産が漏れている、となった場合には、本来申告すべきだった財産にかかる相続税と、加算税、延滞税を追加で支払うことになります。加算税というのは、初めから正しく申告

した方との調整を図るためのペナルティのようなもので、通常の過少申告加算税のほかに、故意に財産を申告しなかったため仮装・隠蔽行為があったとされた場合の、より重いペナルティである重加算税があります。また延滞税は利息のような性格のものです。

2. 預金・有価証券が申告漏れ財産の代表選手？の不思議

　同じく国税庁の統計によると、税務調査を行ったうち申告漏れが見つかった割合は85％を超えており、これはかなり高い割合といえます。その財産別内訳をみると、現金・預貯金と有価証券で全体の約50％となります。

　預貯金にしろ、有価証券にしろ、通常相続税の申告をする時には、亡くなった方の保有していた口座がある金融機関から残高証明を取り寄せるので、申告漏れがあることはまずありません。なのに、どうしてでしょうか？

　これは、口座や有価証券の名義は被相続人の配偶者・子供・孫だが、実際は相続財産であるとみなされた、いわゆる「名義預金」「名義株」が相続税の調査で発見されるから、と考えられます。実際に税務調査に立ち会っていると、税務署は、亡くなった方の取引口座以外にも相続人や同居している親族の取引口座について質問をし、金融機関から過去の取引記録を取り寄せるなどして、生前に被相続人からその方たちへのお金の移動がないかを重点的に調べていることがよくわかります。

　同時に、過去の贈与についてもこの時点で把握されます。贈与税の申告義務があるのに申告がされていない、とか、3年内贈与の対

193

第2編 失敗事例から学ぶ相続対策

象となる財産の加算もれがあるといったことが、この金融財産の調査で把握されることがよくあります。

3. 配偶者の預金に注意

特に配偶者名義の金融資産は注意です。「夫のものは私のもの」は、税務署には通用しません。コツコツ貯めたへそくりであっても、もともと夫のお金であれば、名義預金と認定されるリスクがあります。「自分の資産であること」を証明するには、過去に自分が働いたときに貯めた預金があるとか、実家の相続で財産を相続したとか、過去の事実を思い出して、どこまでが自分のお金なのかを線引きする必要があるでしょう。

4. 贈与をするなら、管理処分の権限をうつすこと

「かわいい孫のために、内緒で作っている預金」も要注意です。内緒＝本人に知らせていない、ということは、贈与が成立しておらず、相続が発生した時には名義預金として相続税の対象になります。お孫さんがまだ小さいのであれば、親権者である親御さんに通帳・印鑑を渡し、管理処分の権限を移してきちんと贈与を完了させます。その場合、相続税の税率と贈与税の税率の差などを考えて、いくらくらいの贈与を行うのがよいか、事前に税理士等の専門家に相談するのがよいでしょう。

注）国税庁HP 【報道発表資料】平成30年分相続税の申告事績の状況（令和元年12月国税庁）

194

https://www.nta.go.jp/information/release/kokuzeicho/ 2019/ sozoku_shinkoku/pdf/sozoku_shinkoku.pdf

【報道発表資料】平成30事務年度における相続税の調査等の状況 （令和元年12月国税庁）

https://www.nta.go.jp/information/release/kokuzeicho/ 2019/ sozoku_chosa/index.htm

（【報道発表資料】同）

第2編　失敗事例から学ぶ相続対策

53 「あれが欲しい、これが欲しい」だけで 遺産分割を決めてると…

事 例

　亡くなったＡさんの相続人は長男と長女。相続財産は2億円、相続税が約3,340万円かかります。

　長女は専業主婦で、Ａさんが所有していた土地を借りて、長女ファミリーの自宅を建てていました。そこで長女は、長男に対して次のような主張をしました。

　「他は何もいらないから、私たちの自宅の敷地を相続したい」

なぜ失敗？

　長男からの了解を得られた長女は自宅の敷地を相続しました。

　その結果、5,000万円の敷地を相続した長女は、835万円の相続税を支払うこととなりました。

　遺産分割後に自分も納税が必要なことを知った長女は、相続税が払えませんでした。そこで長女の夫が相続税を代わりに支払いました。しかし後日になって、長女の夫が長女の代わりに支払った金額について贈与税が165万円かかることが分かりました。

　相続税がかかる家庭は、財産を相続した人がその相続した財産の割合に応じた相続税を納税しなければなりません。財産2億円のうち5,000万円を相続した長女は、財産全体の1/4を相続したため、相続税総額3,340万円の1/4（835万円）を支払う義務があります。そしてその際に、

196

長女が支払うべき相続税を長女の夫が代わりに支払うと、その支払った金額は長女への贈与になって贈与税が課税されてしまいます。

こうすれば、良かった

　例えば長女は自宅敷地5,000万円だけでなく、金融資産1,100万円も一緒に相続しておけば、相続した財産合計6,100万円に対応する相続税1,018万円の納税が可能でした。

　このように、相続税がかかるケースでは「あれが欲しい、これが欲しい」だけで遺産分割を決めるのではなく、「この財産を相続したい。その場合の支払うべき相続税はいくらで、どのようにして支払うか。」まで検討し遺産分割を決めることが重要です。

第2編　失敗事例から学ぶ相続対策

54 土地を兄弟仲良く「共有相続」したばかりに…

事 例

父親に相続が起きたＡさんの話。

「うちは兄弟仲が良いから、父の土地をすべて、兄弟で1/3ずつ共有で相続しました。」

確かに、東京都区内の賃貸マンションも、東京郊外の自宅敷地も、伊豆の別荘地も、長男のＡさん、二男、長女の3人がそれぞれ1/3ずつ相続していました。

なぜ失敗？

今後、兄弟のうち誰かが「土地を売ってお金にしたい」と思ったとしても、他の兄弟が同意しない限り売却ができません。

また、時が流れるといずれ兄弟たちにも相続が発生します。その際に長男の土地持分1/3を長男の子どもたちが相続し、二男の土地持分1/3を二男の子どもたちが相続し…というように、次の世代は従兄弟たちどうしで1/6や1/9ずつの共有となります。一度こうなってしまうと、もはや収拾がつきません。

こうすれば、良かった

共有状態の土地はトラブルの元になる可能性が高いと考えられます。

したがって、例えば東京都区内の土地は長男、東京郊外の自宅敷地は二男、伊豆の別荘地は長女、というように、それぞれの土地の所有者が1人ずつとなるような遺産分割が理想です。

とはいえ、それぞれの土地の価値が大きく異なる場合では、相続する土地によって有利不利の差が出てきてしまいます。その場合、代償分割を活用するのも一つの方法です。代償分割とは、相続人の1人が現物で相続財産を取得するかわりに、他の相続人に代償金を支払うものです。代償分割を活用すれば、例えば、Aさんが二男と長女に代償金を支払うことでAさんが単独で全ての土地を相続する、といったことが可能になります。

なお、相続後すぐに売却することが決まっているような土地であれば共有で相続してもトラブルの元にはなりにくいでしょう。その場合は売却後の手取り額も試算して共有割合を決めたほうが相続人間で納得を得られると思います。

第2編　失敗事例から学ぶ相続対策

参　考　配偶者居住権

配偶者居住権とは

　配偶者居住権とは、配偶者が被相続人所有の建物の所有権を相続することなく、終身または一定期間無償で住み続けることができる権利のことをいいます。配偶者居住権は、民法の改正により令和2年4月1日から始まった制度です。その趣旨は、配偶者が住み慣れた住居で生活を続けるとともに老後の生活資金として預貯金等の資産も確保したいという希望を実現することです。

配偶者居住権導入の背景

　令和2年3月31日以前に発生した相続では、配偶者が自宅を取得すると、それ以外の財産を十分に取得できなくなるおそれがありました。

　例えば、夫の財産が自宅（5,000万円）と現金2,000万円のみで、相続人が妻と長男の2人という事例で考えます。相続分は1/2ずつですので妻および長男の相続分は各々3,500万円となります。

　夫は、妻には住み慣れた自宅に住み続けてほしいし、長男にも現金を残してあげたいと思うでしょう。自宅の評価額5,000万円とのバランスを考えると長男には現金全額を渡しておきたいところです。しかしそれでは妻の老後の生活資金を確保できません。長男と相続分を同じにすると自宅を売らなければならない可能性もあります。

　令和2年4月1日以降、遺言や相続人間の遺産分割協議における選択肢の一つとして配偶者居住権を利用できるようになりました。配偶者居住権は建物の財産的価値を「配偶者居住権」と「配偶者居住権のついた

200

建物」とで分けます。前の例で「配偶者居住権（敷地利用権を含む）」を2,000万円とすると「配偶者居住権のついた建物の所有権（敷地所有権を含む）」は5,000万円－2,000万円＝3,000万円となります。すると、遺言や相続人間の遺産分割協議により、妻は「配偶者居住権」と現金1,000万円、長男は「配偶者居住権のついた建物の所有権」と現金1,000万円、というようにバランスよく相続できるようになります。

　この結果、配偶者は老後の生活資金を確保したまま、住み慣れた住居に住み続けることができます。

配偶者居住権の特色

１．配偶者居住権はどのような場合に成立するか

　配偶者居住権が成立するためには、①配偶者が被相続人所有の建物に②相続開始の時に③居住していることが必要です。

　そして、④被相続人からの遺言または他の相続人との遺産分割協議によってはじめて配偶者居住権を取得できます。

２．配偶者居住権は登記事項です

　登記をしなくても配偶者居住権を取得できます。しかし、登記をしないと、たとえば配偶者居住権のついた建物の購入者から立退きを迫られた場合、配偶者はその建物に無償で住み続けることを主張出来ません。

３．配偶者だけに認められた権利

　配偶者居住権は、配偶者の居住を目的とする権利ですので第三者に譲渡することは出来ません。ただし、所有者の承諾を得れば第三者に貸すことができ、これにより収益を得ることは可能です。

第２編　失敗事例から学ぶ相続対策

相続税における配偶者居住権の取り扱い

　配偶者居住権を設定すると、相続税計算上は自宅建物は配偶者居住権と建物所有権、自宅敷地は敷地利用権と敷地所有権にわけて評価します。

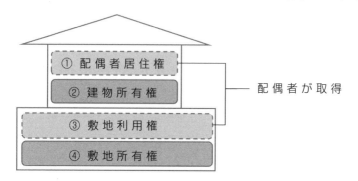

　①配偶者居住権の評価は、終身の場合、建築年数や配偶者の平均余命により計算します。建物が古ければ建物全体に占める配偶者居住権の評価は高くなり、建物が新しければ建物全体に占める配偶者居住権の評価は低くなる性質があります。

　③敷地利用権の評価は、終身の場合、配偶者の平均余命により計算します。設定時の配偶者の年齢が低ければ敷地利用権の評価は高くなり、年齢が高ければ敷地利用権の評価は低くなる性質があります。

　一方、②建物所有権と④敷地所有権の評価は、建物と敷地の相続税評価額から①配偶者居住権と③敷地利用権の評価額を差し引いた額です。

　配偶者居住権は配偶者だけに認められた権利であり、単独で第三者に売却することはできません。また、一身専属的な権利であるため、配偶者が亡くなった時（または存続期間が終了した時）に消滅します。そのため、その後配偶者の相続があったときには、相続税の計算上配偶者居住権および敷地利用権は配偶者の財産には含まれません。所有者は、配

偶者の死亡（または存続期間満了）により相続税を負担することなく自宅を完全な形で所有することになります。

第２編　失敗事例から学ぶ相続対策

55　長年、隣地の地主さんと境界線でもめ続けていたために…

事例

　地主であるＡさんは先祖伝来の土地をあちこちに所有しており、その管理に大変苦労しています。隣地の地主さんも世代交代しており、関係がギクシャクしている土地もあります。また、借地人との間では地代の値上げ交渉もままなりません。Ａさんは、隣地の地主さんとのもめ事、借地人との交渉すべて１人でやっています。

　やがて、Ａさんに相続発生。

　相続税が多額になること、そして金融資産は全くないことから、土地を相続した子どもは相続税の現金納付が困難なため、土地を物納せざるを得ません。

なぜ失敗？

　物納したい土地について、子どもが隣地の地主さんに「境界線確定」の書類（ハンコ）をもらうお願いをしたところ断られてしまいました。また、底地の物納のために借地人に同意を求めたところ、これまた断られてしまいました。物納の申請期限は相続税申告期限（10ヶ月後）から最長でも１年であり、子ども達は納税の目途がたたず途方に暮れています。

こうすれば、良かった

　相続税の物納については、国がその財産を税金代わりに引き取っても
よいか否かが審査されます。例えば、土地を物納する場合、抵当権が付
いている土地や、隣地との境界線が確定していない土地は認められませ
ん。土地を物納する場合は、隣地の地主さん全員から「境界線確定」の
同意を得る必要があります。「境界線を5cm、出た、出ない」で争っ
ていると相続のときその土地の物納ができない、なんてことにもなって
しまいます。将来土地を物納して相続税を納めることを予定しているの
であれば、隣地の地主さんと仲良くすることが「相続税納税対策」であ
る、と言っても過言ではありません。

　また、借地人が存在する土地、すなわち底地を物納する場合は、借地
人の同意が必要ですので、同じように借地人と仲良くしておく必要があ
ります。何年も前からの賃貸借契約の場合、契約書には「賃貸借面積30
坪、月坪〇〇円で賃貸借します。」とあっても、その賃貸借坪数がいい
加減なケースも少なくありません。相続発生後に底地を物納するにあた
ってその借地（底地）を実測したらその坪数が相当少なかった場合は、
借地人から見ると長年余分な地代を払ってきたことになります。賃借料
がもともと法外に安いのだから坪数が少々少なくても関係ない、と主張
される地主さんもいらっしゃいますが、いずれにしても深刻なトラブル
に発展しかねません。

　物納したい土地について、国に引きとってもらう要件を事前に整備し
ておくこと、関係者と仲良くすることは重要な相続税の納税準備です。

第2編　失敗事例から学ぶ相続対策

参　考　相続税の納付方法

原則は「金銭一括納付」困難な場合は「延納」、「物納」

納付方法のフローチャート（各人ごとに判定）

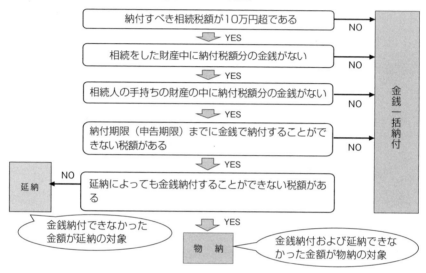

　延納、物納を選択する場合、まず金銭でいくら納税できるか、次に延納でいくら納税できるかを計算し、それでも納税できない金額が物納できる税額となります。

(1)　金銭納付額（①と②を加算した金額から③を控除した金額）

　　①　相続により取得した金銭から債務・葬式費用を控除した残額

　　②　納税者の手持ちの金銭

　　③　当面の生活費（3ヶ月分）と当面の事業経費（1ヶ月分）

(2)　延納税額（相続税額－(1)金銭納付額）

　　①　納税者の収入から生活費と事業経費を控除した残額

② 概ね１年以内に見込まれる臨時的な収入・支出

③ ①×年数（５年〜20年）に②を加減算した金額※

※ 年数は取得した相続財産に占める不動産等（自社株を含む）の割合による。例えば不動産等の割合が75％以上であると延納期間は20年となる。

(3) 物納税額（相続税額－(1)金銭納付額－(2)延納税額）

相続税額から(1)金銭納付額、(2)延納税額を控除した後の残額が物納税額となります。

第２編　失敗事例から学ぶ相続対策

延納とは

　延納する場合、国に担保を提供し、利息（利子税）を払う必要があります。延納の期間と利子税の割合は相続等で取得した不動産等の割合で変わります。不動産等の割合が高いほど延納期間は長くなり、利子税の割合は低くなります。期間は最長期間内であれば納税者が選択することができます。延納税額は元金均等で年１回納税します。なお一部繰り上げ納付や一括繰り上げ納付も可能です。

（令和２年における延納特例基準割合を基に計算した割合）

区分		延納期間 （最長）	利子税割合 （原則）	利子税割合 （特例※）
不動産等割合	対象			
75%以上	不動産等	20年	3.6%	0.7%
	動産等	10年	5.4%	1.1%
50%以上75%未満	不動産等	15年	3.6%	0.7%
	動産等	10年	5.4%	1.1%
50%未満	不動産等・ 動産等	5年	6.0%	1.3%

※　延納利子税割合（原則）× $\dfrac{\text{延納特例基準割合}}{7.3\%}$ ＝特例割合（0.1%未満の端数は切捨て）

　利子税の割合は市場金利(財務大臣が告示する割合)に1%を加算した割合(延納特例基準割合)が7.3%よりも低いときは、原則ではなく特例により計算した割合が用いられます。例えば令和2年における延納特例基準割合は1.6%ですので、利子税の割合は原則ではなく、特例の割合が用いられます。延納を検討する際は延納の利子税の割合と金融機関から借り入れた場合の金利と比較することも大切です。

　延納する場合、国に担保を提供しなければなりません。担保は国債、

地方債、社債その他の有価証券、土地、建物等、種類が限定されています。なお担保は相続により取得した財産に限らず、もともと所有していた財産でも提供することができます。

物納とは

(1) 物納とは

物納とは文字通り、金銭ではなく相続した「土地」「株式」などの「物」で納税できる制度です。あくまで相続した財産に限られますので、相続人がもともと所有している土地などを物納することはできません。

(2) 物納できる財産と種類

物納できる財産は下表のとおりです。原則として先順位の財産から物納に充て、先順位の財産に適当なものがない場合に後順位の財産を物納に充てることができます。

第1順位	国債・地方債・不動産（底地含む）・船舶・上場株式等
第2順位	非上場株式等
第3順位	動産

(3) 物納財産の収納価額

物納財産は、原則として相続税の課税価格計算の基礎となった価額で国に収容されます。小規模宅地等の課税価格の計算特例の適用を受けた土地等は、その適用後の価額が収納価額となります。したがって売却して納税する場合と比較することも大切です。

第2編　失敗事例から学ぶ相続対策

56　相続税は1次相続・2次相続トータルで

事 例

　Aさんに相続が発生しました。

　相続人は配偶者（妻）と長男です。妻と長男は、不動産につき以下のように遺産分割を行いました。

① 　自宅敷地は妻が相続します。

② 　自宅建物は長男が相続します。老朽化のため建て替える必要があり、お金がかかる事情を長男が理解してくれたからです。

③ 　郊外の空き地は妻が相続します。不動産の共有を避けつつ他の財産を含めて法定相続分となるように協議した結果です。なお、その空き地近くに5年後に新駅ができる予定です。

なぜ失敗？

　長男が「老朽化した自宅建物」を相続税まで払って相続し、その後その建物を取り壊すのは税負担上勿体ないことです。価値ゼロになる財産を取得するのにわざわざ税金を払っているからです。

　新駅開業の効果により、妻が相続した空き地が将来値上りしたら、将来発生する妻の相続のときの相続税も増加します。

210

こうすれば、良かった

　財産の評価額が同じであれば１次相続で何を相続しても相続税額に変わりはありません。配偶者の希望をかなえつつも将来の配偶者の相続のときを考慮して「配偶者が相続した方がよい財産」と「配偶者が相続しない方がよい財産」を考えることとが賢い遺産分割といえるでしょう。

　配偶者は「配偶者の税額軽減制度」により、原則として財産の半分まで相続しても相続税ゼロですが、相続した財産を所有したまま配偶者に相続（２次相続）が発生すると、その財産は配偶者の相続財産となり相続税の課税の対象となります。つまり、子どもが相続した「半分の財産」に１次相続時に相続税がかかり、配偶者（妻）が相続した「残りの半分の財産」に２次相続時に相続税がかかるのです。

　２次相続の相続税を考えると、１次相続における遺産分割の留意点は以下のとおりです。

① 配偶者は、価値が変わらない又は下落する財産を相続した方がよい

　配偶者が相続した財産の価値（相続税評価額）が下落した場合には、２次相続の相続税は減少します。取り壊し予定の建物のように価値がゼロになることがわかっている財産は、子どもではなく配偶者が相続した方がよいでしょう。

② 配偶者は、価値の上昇する財産を相続しない方がよい

　配偶者が相続した財産の価値（評価額）がその後上昇すると、２次相続の相続税が増加します。したがって、１次相続時に今後価値が上昇する財産は、子どもが相続した方がよいでしょう。

第2編　失敗事例から学ぶ相続対策

57 お父さんの事業、引き継いだけど

事 例

　個人事業主（レストラン経営）であるＡさんに相続が発生しました。相続人は、配偶者のＢさんと長男のＣさん。相続財産のうちレストランの店舗と敷地は、一緒にレストラン経営をしていた長男が相続することとし、他は協議のうえ適切に遺産分割できそうです。この時点で顧問の税理士に相続税を試算してもらったところ、比較的税金は少なくて済みそうでした。

　しかし、父親が亡くなって１人でのレストラン経営はＣさんが予想していた以上に大変で、Ａさんの相続が発生した８か月後、Ｃさんはレストランを閉じることにしました。

　その後相続税の申告を行うと、以前試算してもらった金額よりもずっと相続税額が増えていて、ＢさんＣさんは驚いてしまいました。

なぜ失敗？

　顧問税理士は、レストランの店舗と敷地に対し「小規模宅地等の課税価格の計算特例（特定事業用宅地等）」を適用して相続税を試算していました。しかし、この特例には事業継続の要件があり、途中でその事業をやめてしまった場合はこれを適用することができません。

　顧問税理士は、元々父親と一緒にレストラン経営を行っていたＣさんは当然にそのまま事業を引き続き行うだろうと思い、適用できなかった

212

場合の金額については検討していませんでした。また、事業継続の要件についても十分にＢさん・Ｃさんへ説明していませんでした。

こうすれば、良かった

　小規模宅地等の特例には主に「相続開始前の用途」「財産を受け取る人」「受け取った後の用途」の要件があります。適用するためにはちゃんとこれらの要件を満たすかの確認が必要です。

　小規模宅地等の特例が適用できる土地（宅地）には大きく４種類ありますが、事例では「特定事業用宅地等」の適用が検討されていました。これは、相続人が行っていた事業に使われていた土地（この場合はレストラン店舗の敷地）について、400㎡までは評価額の80％が減額されるというものです。これには、大きく３つの要件があり「相続直前までＡさんがその土地を事業に使っていたこと」「事業を引き継いだ人（＝Ｃさん）がその土地を相続し保有し続けること」「その事業をＣさんが継続すること」です。今回はこのうち３番目の事業の継続がされなかったため特例が適用されませんでした。

　もちろん、商売がうまくいかない場合には店じまい・転業など事業継続についてちゃんと考えることが大切です。ただしその場合、小規模宅地等の特例を別の土地に適用したり、相続人間での遺産分割案を変更したりすることで、相続税の負担額も変わってきます。様々な特例がありますが、本当に適用できるかどうか、しっかりとした要件の確認が必要です。

第２編　失敗事例から学ぶ相続対策

参　考　小規模宅地等の課税価格の計算特例

「小規模宅地等の課税価格の計算特例」は、相続人の住まいの確保や事業の継続のために、相続税の計算上一定の宅地等の評価額を減額できる制度です。要件を満たす宅地等については限度面積まで評価額の80％または50％が減額されます。

適用の要件

要件は大きく３つに分けられます。

① 相続開始前における用途要件

被相続人（＝亡くなった方）が相続開始前に被相続人の事業に利用していた宅地等（特定事業用宅地等）、居住のために利用していた宅地等（特定居住用宅地等）が対象となります（注１）。事業のうち不動産賃貸業については少し取り扱いが異なり、同族会社に貸している宅地等（特定同族会社事業用宅地等）と、一般的な賃貸用の宅地等（貸付事業用宅地等）に分かれます。

② 事業・居住の継続要件

対象の宅地等を相続した人は、その相続開始前の用途で使い続ける必要があります。ただし、居住用の宅地等を被相続人の配偶者が相続した場合この要件はありません。

③ 宅地等の保有要件

対象の宅地等を相続した人は、一定期間その宅地等を保有し続ける必要があります。ただし、居住用の宅地等を被相続人の配偶者が相続した場合この要件はありません。

減額割合および限度面積

　特定居住用宅地等は330㎡まで80%、特定事業用宅地等・特定同族会社事業用宅地等（あわせて「特例事業用等宅地等」という。）は400㎡まで80%、貸付事業用宅地等は200㎡まで50%、それぞれ宅地等の評価額が減額されます。

　特例を適用する宅地等は組み合わせることが可能です。特定居住用宅地等、特定事業用等宅地等については、それぞれ上限まで適用することができるので、最大730㎡が対象となります。貸付事業用宅地等が含まれる場合、以下のような計算式によって適用できる宅地等の上限面積が決まります。

　（特定事業用等宅地等に適用した面積）×200／400

　＋（特定居住用宅地等に適用した面積）×200／330

　＋（貸付事業用宅地等に適用した面積）　≦200㎡

手続き

　相続税の申告書に必要事項を記載するとともに必要書類を添付して提出します。なお、遺産分割協議が整っていない宅地等については適用できません。相続税の申告期限から原則3年以内に遺産分割協議がまとまり、修正した申告書を提出しなおした場合は適用することができます。

第2編　失敗事例から学ぶ相続対策

58 相続発生から4年後、先祖伝来の土地を売却

事 例

　Aさんに相続が発生しました。相続人は配偶者と長男です。

　土地を相続した長男は、その後土地を売却し、確定申告で土地売却益について所得税・住民税を払いました。相続税の次には所得税そして住民税と「税金ばっかり払っているなあ。」とため息をつきました。

　なお、その土地を売却したのは、Aさんが亡くなってから4年後でした。先祖伝来の土地は守り所有し続けていくものと思っていましたが、有効活用する予定も立たず維持管理するのが困難になってきたため、売却するに至ったのでした。

なぜ失敗？

　相続した先祖伝来の土地を売却した場合、通常多額の売却益が生じ譲渡所得税等が発生します。相続した土地の取得費（取得原価）は元の所有者の取得費、何十年も前に取得したものであればかなり安い金額を引き継ぐためです。取得費が少額・不明の場合、取得費は売却収入額の5％と計算され、このとき売却益は売買価格の95％になります。

　しかし、相続発生後3年10ヶ月以内に、相続した土地を売却した場合には「相続税の取得費加算の特例」という所得税・住民税の特例の適用を受けることができ、この特例を使うと譲渡所得税等の負担が減少します。

216

しかし、事例では相続した土地の売却時期が相続発生4年後であったため、この特例の適用を受けることができず、結果として多額の所得税を支払うことになりました。

こうすれば、良かった

　相続で受け取った財産は、そのまま保有するのか処分するのか早めに考えておきましょう。「相続税の取得費加算の特例」によって売却資産の手取り額が大きく異なります。

　これは、相続により取得した資産（土地）を相続開始の翌日から3年10ヶ月以内に売却した場合には、その売却した人が負担した相続税のうち、一定金額を取得費に加算して売却益（譲渡所得）の計算をすることができるというものです。この特例の適用を受けると、取得費が大きくなる、つまり売却益が小さくなるので、譲渡所得税等の負担が減少します。

① 通常の売却益の計算

　　売却益＝売却収入－（取得費＋譲渡費用）

② 相続税の取得費加算の特例を適用する場合の売却益の計算

　　売却益＝売却収入－{（取得費＋取得費加算額＋譲渡費用）}

（取得費加算額）

$$
その者が納付した相続税額 \times \frac{その者が相続した財産のうち売却資産にかかる相続税評価額}{その者が相続した財産にかかる相続税の課税価格（債務控除前）}
$$

217

第2編　失敗事例から学ぶ相続対策

59 10ヶ月以内に遺産分割が決まらなかったために…

事 例

Aさんに相続が発生しました。

相続人は妻・長男・二男・長女の4人です。

子供達がそれぞれ遠方に住んでいることもあって、全員が揃って遺産分割の話し合いすることもままならず、また全員集合して話し合いを始めても核心に迫る話までなかなか進みませんでした。

申告期限に間にあわせるため遺産分割協議を終わらせてしまいましたが、相続人の間では不満が残ることになってしまいました。

なぜ失敗？

遺産分割が成立していなくても法定相続分での申告納税手続きが可能です。ただし、この場合「小規模宅地等の課税価格の計算特例」や「配偶者の税額軽減制度」の適用を受けることはできません。したがって、特例を受けずに計算した高い相続税をとりあえず納付する必要があり、また配偶者といえども相続税の納税が生じることになります。

しかし相続税申告期限後3年以内（相続開始後3年10ヶ月以内）に遺産分割が成立した場合には、両特例の適用を受けた申告書を提出することができます。

こうすれば、良かった

相続税の申告・納付の観点から「相続税申告期限（相続開始後10ヶ月以内）」を目途に遺産分割が成立するよう話し合うことは大切です。

しかし遺産分割について期限の定めはありません。一時的な納税負担はありますが、相続人全員が納得できるまで、話しあいの時間をとることも選択肢として考えてみてはどうでしょうか。

申告期限までに遺産分割が成立しなかった場合の手続きは以下のとおりです。

① 未分割での申告

「法定相続人が法定相続分に応じて財産を取得したもの」と仮定して相続税申告書を提出し各人が相続税を納付します。この場合、「小規模宅地等の課税価格の計算特例」や「配偶者の税額軽減制度」は適用を受けることができません。特例を受ける自宅敷地や事業用宅地等について誰が取得するか決まっていない、また配偶者の取得する財産が具体的に決まっていないからです。相続人は特例を受けずに計算した高い相続税を一時的に納付しなければなりません。

② 遺産分割成立後の更正の請求又は修正申告

未分割での申告後に遺産分割が成立した場合には、成立後4ヶ月以内に実際の遺産分割に基づく相続税申告書を提出し直し、各人の相続税の精算（還付又は追加納付）を行います。なお、相続税申告期限後3年以内に遺産分割が成立すれば原則として「小規模宅地等の課税価格の計算特例」や「配偶者の税額軽減制度」の適用を受けることができます。

第2編　失敗事例から学ぶ相続対策

60　海外財産の相続は注意が必要

事例

　Aさん夫妻は、ハワイが大好きでした。年に何度も訪れてホテルに滞在するうちに、いっそのことコンドミニアムを買ったほうが安上がり、とご主人名義で海の見える一室を購入しました。

　その後ご主人が亡くなって、残された奥さんとお子さんは、「もうハワイに行くこともないので、売却しよう」と考えました。ところが、ハワイのコンドミニアムの売却手続きは一向に進みません。さらに、日本の相続税のほかに、米国の相続税の申告も必要だと言われてしまいました。

なぜ失敗？

　まず、ハワイのコンドミニアムについては、日本はもとより、米国でも相続税の申告対象となります。さらに、ご主人名義のハワイのコンドミニアムについて日本で遺産分割協議書を作成して、奥さんがハワイのコンドミニアムを相続することにしましたが、残念ながら、日本の遺産分割協議書があるだけでは、米国では相続手続きができません。

　米国では、亡くなった人の相続財産はすべてエステート（遺産財団）の管理下におかれ、相続人に財産を分けるためには、裁判所のプロベートという手続きを経る必要があるのです。

　プロベートの手続きは、一般に米国の弁護士に依頼するので、費用も

時間もかかります。また米国の不動産については米国で相続税がかかり、相続税の申告及び支払いを先にしないと相続手続きは終了しません。

こうすれば、良かった

　海外財産については、その財産の所在国において、いざというときにどんな相続手続きが必要か、事前に調べておくことが必要です。もし複雑で時間がかかることがわかったら、その海外財産をいつまで持ち続けるのか、場合によっては生前に手放すことも考えるべきでしょう。

　昨今、海外に財産をもっている方が増えてきました。海外赴任の際に作った預金を、日本に戻ってきた後もそのままおいておいたり、外資系の企業に勤めている方の中には、海外の親会社の株式やストックオプションを持っている方もいるかもしれません。

　海外財産の相続手続きはその国の法律に従いますので、日本のやり方が通用するわけではありません。むしろ日本のように、遺産分割協議を行って相続人間で自由に分けられるという国は珍しく、遺言がなければその国の法定相続分で分けることになります。また相続手続きにおいて、プロベートという裁判所の手続きが必要になります。

　さらに日本居住者であれば、海外財産も日本の相続税の対象となりますので、日本で相続税の支払いをしなくてはいけないのに海外財産は一向に処分ができない、という話がよくあります。

　相続が発生した場合に、海外財産についてプロベートをしなくて済む方法についてはＰ222「コラム」を参照下さい。

221

第2編　失敗事例から学ぶ相続対策

コラム

海外財産の名義とプロベート

1．共同名義（ジョイントアカウント、ジョイントテナンシー）

　米国で銀行口座を開設したり、不動産を取得する際に、ジョイントアカウント、ジョイントテナンシーといった、「共同名義」にすることがあります。

　日本にはない制度ですが、例えば小切手社会の欧米では、家計費口座を夫婦共同名義口座にしておき、夫婦いずれもその口座から小切手を振り出して支払いを済ませる、といったように使われます。

　不動産の場合この制度のもとでは、全体の価値を共同で保有しており、日本の共有制度のように特にそれぞれの持分割合が決まっているわけではありません。

2．プロベートとその回避方法

　米国、英国、シンガポール、香港、オーストリアなどの国々では、相続が発生すると、亡くなった人の財産は、エステート（遺産財団）として裁判所の管理下におかれ、原則プロベートという手続きを経ないと、相続人が自分の名義に変更したり、処分することはできません。それぞれの国で有効な遺言があったとしても、プロベートは必要です。手続きには弁護士が関与することが多いので、時間もお金もかかります。

　財産を共同名義にする目的の1つにプロベートを回避することがあります。共同名義の財産に、「名義人の一人が死亡した場合、財

222

産の所有を引き継ぐ権利（生存者受取権）」を持つ人を定めておけ
ば、相続が発生した際にこの生存者受取権を持つ人に財産が相続さ
れます。日本の遺産分割協議や遺言などによって、生存者受取権を
持たない人に財産を引き継がせることはできません。

　プロベートを回避する方法は、その他にも、トラスト（信託）に
財産をいれる、自分が死んだ場合の財産の行き先を決めた証書を作
っておくなど、いくつか方法があります。

３．共同名義の財産と日本の相続税申告

　一方、このような共同名義になっている財産について、日本には
ない所有制度ですので、日本の相続税申告の際にどのように取り扱
うか、悩ましいところです。ですが、そこは名義ではなく、財産の
実質的な所有者が誰か、で判断する必要があると考えられます。

　亡くなった方が海外にジョイントアカウントや、ジョイントテナ
ンシーの不動産を持っている場合に、その口座に残っているお金の
支出者は誰か、その不動産を買ったときの資金の負担者は誰か、と
いう観点から財産の帰属を考えて、相続財産の判定をするべきでし
ょう。仮に海外の口座にお金を預けたのが亡くなったご主人であれ
ば、奥さんとの共同名義であったとしても、その口座はご主人の相
続財産として扱われるべきと考えます。

　海外の財産は、その所在国の法律によって規定されているので、
日本にはない所有形態があります。また米国などは州ごとに法律も
異なるので、海外財産や外国籍の方がいる場合の相続については、
国際相続に詳しい弁護士や税理士に相談することが必要でしょう。

223

第2編　失敗事例から学ぶ相続対策

コラム

「国外財産調書」と「CRS」

1．税務当局は国外財産に注目している

　ヒト・モノの動きが国際化していく中で日本国外に財産を所有する方が増えてきました。それに伴い、国外財産に関係する所得税や相続税の申告もれが問題となり、税務当局は個人の保有する国外財産の情報収集に力を入れています。

2．国外財産調書の制度

　国外財産の情報収集の一環として、2014年度税制改正で導入されたのが「国外財産調書」の制度です。これは、その年の12月31日時点で個人の方が保有する「国外財産」の価額の合計額が5000万円を超える場合は、翌年の3月15日までにその財産の種類・数量・価額等の必要な事項を記載した書類を提出しなければならない、というものです。

　提出期限が3月15日であり、個人の確定申告と同じになっていますが、確定申告の提出義務がなくても「国外財産調書」の提出は必要です。

　提出が必要な個人は、非永住者を除く居住者とされています。ここで非永住者とは、①日本国籍がなく、かつ、②過去10年以内に国内に住所を有していた期間の合計が5年以下である者です。ですから、例えば去年海外から日本に帰ってきたばかりです、という方も含め、居住者のうち日本国籍がある方は全員、また、日本国籍がな

224

くても日本に5年超住んでいる方は、提出が必要となります。

3. 「国外財産調書」が不提出の場合の罰則と加算税の軽減・加重措置

　「国外財産調書」の提出義務があるのに提出しない場合、または提出していても虚偽の記載をしていた場合は、罰則が設けられていて、1年以下の懲役または、50万円以下の罰金が科されることになっています。

　相続税の調査の際に「国外財産」の申告漏れが発見された時には、その財産にかかる相続税を追加納付する際に、過少申告加算税というペナルティを払う必要があります。もし亡くなった方が生前、「国外財産調書」を提出していて、そこにこの財産の記載があれば、このペナルティが軽くなります。逆に「国外財産調書」を提出していない、または提出していてもこの財産の記載がない場合はペナルティが重くなる措置が設けられています。いわば「アメと鞭」ということでしょうか。

4. 「CRS (Common Report Standard)」

　国外にある財産について情報収集をする動きがあるのは、日本の税務当局だけではありません。外国の金融機関等を利用した国際的な脱税及び租税回避に対処するため、OECD（注）において、非居住者に係る金融口座情報を税務当局間で自動的に交換するための国際基準である「共通報告基準（CRS：Common Reporting Standard）」が公表され、各国でこれに則った情報交換がされて

います。日本は平成30年から実施を始めました。

　例えば、スイスの金融機関にスイスの非居住者である日本人が口座を保有しているとしましょう。そうするとこの口座を保有する日本人の名前や生年月日を金融機関がスイスの国税当局に報告し、この情報は日本の国税当局にも自動的に送られる、という仕組みです。

　現在世界の約80か国以上がこの情報交換を実施しています。米国はこの情報交換制度には加入していませんが、別途独自の制度（FATCA）により同様に国外の口座情報を入手しています。

４．　国外財産も国税当局はしっかり把握している

　このように様々な方法で国税当局は個人の国外財産の情報収集を行っています。一昔前なら「国外の財産は申告しなくてもばれないだろう」などと考える人もいたかもしれませんが、残念ながら今はそうはいきません。国外財産についても国内の財産と同様に日本の相続税の申告対象になるという前提で、保有のメリット・デメリットをよく比較して、保有を続けるかどうかの判断をなさってください。

注）　国際経済開発機構　国際経済全般について協議することを目的とした国際機関で、「世界最大のシンクタンク」とも呼ばれている。外務省HPより
www.mofa.go.jp/mofaj/comment/faq/keizai/oecd.html

MEMO

第2編　失敗事例から学ぶ相続対策

コラム

後継者・お子さんが海外にいらっしゃるケース、要注意！
～国外転出（相続）時課税～

　グローバル化が進み、現経営者（親御さん）が日本居住で、後継者を海外拠点等に出していらっしゃるケース、お子さんが海外転勤なさっているケースも珍しくありません。そのような状況で、現経営者（親御さん）に万一が起こり、自社株・有価証券等を海外に居住する後継者・お子さんが相続すると、日本の相続税の他に「国外転出（相続）時課税」という所得税がかかる可能性があることをご存知ですか？

　国外転出（相続）時課税とは、海外に居住する相続人等が自社株（有価証券）を相続すると、自社株・有価証券等をその時点の（所得税法上の）時価で売却したとみなして、「みなし売却利益」に対して課税（所得税15.315％）されるというものです。この「みなし売却利益」に対する課税の申告は、相続発生後4ヶ月以内に提出する被相続人の所得税の確定申告（準確定申告）で行います。なお、納税猶予制度もありますが、担保の提供など一定の手続きが必要です。

　国外転出（相続）時課税の対象となるのは、被相続人が以下2つの要件を満たす場合です。

・相続発生時において時価1億円以上の有価証券等（上場株式・未上場株式・国債・投資信託等）を有する

・相続発生前10年以内において（通算して）国内に5年超住所・居

所を有する

なぜ国外転出時課税があるか？

　日本に住む人が有価証券を売却すると、その売却益に課税（所得税・住民税）されます。一方、海外には有価証券の譲渡所得は非課税の国・地域があります（シンガポール・香港等）。そこで以前は、日本に住む親が、海外に住む子どもに有価証券を贈与したり相続させ、その子どもがその有価証券を現地（海外）で売却すると、海外でも日本でも課税なし、ということが実現できてしまいました。この含み益のある有価証券等を海外に持ち出すことによる節税を封じるために創設されたのが「国外転出時課税」です。平成27年7月以降の相続・贈与・国外転出から適用されています。

有価証券を持って海外に転居する場合も注意

　有価証券等を所有する本人が海外に転居したときにも、一定の要件を満たす場合時価で売ったとみなして所得税がかかります。

　この税制に関係しそうな方は、一度専門家に相談されることをお勧めします。

付　録

相続税早見表
A表（相続人に配偶者がいる）

（単位：万円）

課税価格 ＼ 子どもの数	1人	2人	3人	4人	5人
1億円	385	315	262	225	188
1.5億円	920	748	665	588	530
2億円	1,670	1,350	1,217	1,125	1,033
2.5億円	2,460	1,985	1,800	1,688	1,595
3億円	3,460	2,860	2,540	2,350	2,243
3.5億円	4,460	3,735	3,290	3,100	2,930
4億円	5,460	4,610	4,155	3,850	3,660
4.5億円	6,480	5,493	5,030	4,600	4,410
5億円	7,605	6,555	5,962	5,500	5,203
6億円	9,855	8,680	7,838	7,375	6,913
7億円	12,250	10,870	9,885	9,300	8,830
8億円	14,750	13,120	12,135	11,300	10,830
9億円	17,250	15,435	14,385	13,400	12,830
10億円	19,750	17,810	16,635	15,650	14,830
12億円	24,750	22,560	21,135	20,150	19,165
14億円	30,145	27,690	26,000	24,825	23,833
20億円	46,645	43,440	41,182	39,500	38,083
30億円	74,145	70,380	67,433	65,175	63,000

※課税価格＝相続財産－債務、葬式費用
※配偶者が法定相続分（1/2）を相続し、「配偶者の税額軽減制度」の適用を受ける
　ものとする。子どもはすべて成人とし、孫との養子縁組はないものとする。

相続税早見表
B表（相続人に配偶者がいない）

（単位：万円）

課税価格 ＼ 子どもの数	1人	2人	3人	4人	5人
1億円	1,220	770	630	490	400
1.5億円	2,860	1,840	1,440	1,240	1,100
2億円	4,860	3,340	2,460	2,120	1,850
2.5億円	6,930	4,920	3,960	3,120	2,800
3億円	9,180	6,920	5,460	4,580	3,800
3.5億円	11,500	8,920	6,980	6,080	5,200
4億円	14,000	10,920	8,980	7,580	6,700
4.5億円	16,500	12,960	10,980	9,080	8,200
5億円	19,000	15,210	12,980	11,040	9,700
6億円	24,000	19,710	16,980	15,040	13,100
7億円	29,320	24,500	21,240	19,040	17,100
8億円	34,820	29,500	25,740	23,040	21,100
9億円	40,320	34,500	30,240	27,270	25,100
10億円	45,820	39,500	35,000	31,770	29,100
12億円	56,820	49,500	45,000	40,770	37,800
14億円	67,820	60,290	55,000	50,500	46,800
20億円	100,820	93,290	85,760	80,500	76,000
30億円	155,820	148,290	140,760	133,230	126,000

※課税価格＝相続財産－債務、葬式費用
※子どもはすべて成人とし、孫との養子縁組はないものとする。

山田コンサルティンググループ株式会社

　「中堅・中小企業のあらゆる経営課題を解決する」という方針のもとに、事業承継・M＆A、経営戦略、人事コンサルティング、海外事業支援、事業再生、不動産コンサルティング、教育研修事業などを手掛け、様々な業種・規模の企業に対しワンストップでコンサルティングサービスを行う。

事業承継コンサルティングでは、中小企業から上場会社オーナーまで数多くの実績を有する。

2019年２月東証一部に市場変更。

税理士法人山田＆パートナーズ

総合型税理士法人として、幅広いコンサルティングメニューを揃え、特に大型複雑案件に多くの実績がある。

法人対応では企業経営・財務戦略の提案やM＆A・企業組織再編アドバイザリーなどにも強みを持ち、個人の相続・事業承継も主軸業務として、相続税申告やその関連業務なども一手に請け負う。

医業機関向けコンサルティング・国際税務・公益法人制度サポートについても専担部署を有する。

2018年７月グラントソントンインターナショナルに加盟。

司法書士法人山田リーガルコンサルティング

合併・会社分割などの組織再編登記をはじめとする法人登記を中心に、企業法務、相続登記、不動産登記および民事信託導入支援など多様な法務サービスを提供する。

顧客のニーズ把握から、提案、実行支援、登記手続きまで一貫して役務提供できる点に強みを持つ。

東京事務所に続き2019年に大阪事務所設置。

執筆者・監修者　（五十音順）

◆ 山田コンサルティンググループ株式会社

浅沼 憲太郎

石井 佑典

奥村 忠史（税理士）

加倉井 駿也

川口 智史（税理士）

黒崎 真行

駒木根 剛（税理士）

島崎 明

清水口　咲子

新谷 幸三

玉虫 隆二

中井 大地

中沢 道久

西岡 慶祐

羽鳥 貴之（公認会計士）

藤田 雄介

布施麻記子（税理士）

前田 祐（税理士）

増井 浩平

吉川 貴之（税理士）

吉田 瑞穂

渡辺 康孝（税理士）

◆ 税理士法人 山田＆パートナーズ

上田 峰久（税理士）

宇佐美 敦子（税理士）

柿本 幸信（税理士）

小林 大輔（税理士）

◆ 司法書士法人山田リーガルコンサルティング

大石 純士（司法書士）

大橋 則子（司法書士）

久津川 守（司法書士）

土居 俊太良（司法書士）

中嶋 英憲（司法書士）

中田 ひかり（司法書士）

夏目 佑一（司法書士）

野津 浩（司法書士）

山本 修平（司法書士）

失敗事例から学ぶ 事業承継対策・相続対策
～正しい知識と総合的見地から～

令和 2 年 9 月23日　初版発行
令和 3 年 1 月 4 日　四版発行

不　許
複　製

編著者　　山田コンサルティンググループ株式会社
　　　　　税理士法人山田＆パートナーズ
　　　　　司法書士法人山田リーガルコンサルティング

（一財）大蔵財務協会　理事長
発行者　　木　村　幸　俊

発行所　　一般財団法人　大 蔵 財 務 協 会
〔郵便番号　130-8585〕
東京都墨田区東駒形1丁目14番1号
（販　売　部）TEL03（3829）4141・FAX03（3829）4001
（出版編集部）TEL03（3829）4142・FAX03（3829）4005
http://www.zaikyo.or.jp

乱丁・落丁はお取替えいたします。　　　　　　印刷　恵友社
ISBN978-4-7547-2808-3